PRACTICE OF TRADEMARK AGENCY

商标代理实务

PRACTICE OF TRADEMARK AGENCY

叶文庆 /著

本书是福建省知识产权局软科学课题“福建省贯彻《国务院关于新形势下加快知识产权强国建设的若干意见》实施方案研究”（项目编号：2016ER006）资助成果。

厦门大学出版社 XIAMEN UNIVERSITY PRESS
国家一级出版社
全国百佳图书出版单位

图书在版编目(CIP)数据

商标代理实务/叶文庆著. —厦门:厦门大学出版社,2017.12

ISBN 978-7-5615-6671-8

Ⅰ.①商…　Ⅱ.①叶…　Ⅲ.①商标管理-研究　Ⅳ.①F760.5

中国版本图书馆 CIP 数据核字(2017)第 227991 号

出 版 人　蒋东明

责任编辑　邓　臻

封面设计　蒋卓群

技术编辑　许克华

出版发行　厦门大学出版社

社　　址　厦门市软件园二期望海路 39 号

邮政编码　361008

总 编 办　0592-2182177　0592-2181406(传真)

营销中心　0592-2184458　0592-2181365

网　　址　http://www.xmupress.com

邮　　箱　xmup@xmupress.com

印　　刷　厦门集大印刷厂

开本　720mm×1000mm　1/16

印张　15.25

插页　2

字数　180 千字

版次　2017 年 12 月第 1 版

印次　2017 年 12 月第 1 次印刷

定价　78.00 元

本书如有印装质量问题请直接寄承印厂调换

厦门大学出版社
微信二维码

厦门大学出版社
微博二维码

目　录

Contents

第八章 商标续展、变更、注销代理

第九章 商标诉讼代理

| 第一章 |

商标代理概论

第一节　商标代理概述

一、商标代理的概念及特征

(一)商标代理的概念

商标代理是指商标代理机构接受委托人的委托，以委托人的名义办理商标注册申请及其他有关商标事宜，且法律效果由委托人承担的法律行为。商标代理属于民事代理的一种，适用范围主要包括商标注册申请、变更、续展、转让、异议、撤销、评审、诉讼、法律咨询、法律顾问等事务。商标代理事务实际上还包括一些准法律行为(例如，通知)和事实行为(例如，领取证书)。[①] 但这些准法律行为和事实行为都是商标代理法律行为衍生出来的。根据《商标法》第十八条规定，我国自然人、企事业单位、社会团体或其他组织可以自行办理商标注册或其他商标事宜，也可以委托依法设立

① 彭章键:《试论商标代理制度》，载《法学论坛》1993 年第 1 期。

的商标代理机构办理。然而随着社会分工越来越细，通常情况下自然人、企事业单位、社会团体或其他组织很少亲自办理商标事宜，大多数时候都会委托商标代理机构办理。对于外国人或外国企业在中国申请商标注册和办理其他商标事宜的，《商标法》第十八条规定应当委托依法设立的商标代理机构办理。

(二)商标代理的特征

商标代理属于民事代理的一种，因此具有民事代理的基本特征。商标代理还具有自身的特征。

1. 商标代理的代理人是经过备案的商标代理组织

商标代理的代理人是商标代理机构。根据《商标法》和《商标代理管理办法》的规定，只有经过国家商标局备案的具备商标代理资格和能力的商标代理机构才可以接受商标注册申请人或商标权人的委托办理商标事宜。有学者认为，代理人是商标代理机构或商标代理人。[①] 这种观点值得商榷。一般而言，商标代理人作为从事商标代理事务的从业人员，隶属于某个商标代理机构，不能够独自对外承接商标代理业务。只有商标代理机构才能够承接商标代理业务，且国家工商行政管理总局商标局(以下简称商标局)在商标代理事务中只接受商标代理机构的意思表示。

---

① 李健:《知识产权代理教程》，知识产权出版社 2015 年版，第 26 页。

2. 商标代理事务具有较强的专业性

商标代理事务主要包括：商标注册国内申请、商标驳回复审申请、商标异议申请及答辩、马德里国际或单一国家商标注册申请、商标无效宣告申请及答辩、商标撤销申请及答辩、商标民事诉讼及答辩、商标行政诉讼及答辩，以及注册商标的续展、转让、变更、许可备案等事宜。这些商标事务都需要商标代理人具备较强的专业素养，商标代理人对于相同或相似商标、相同或相似商品和服务的理解程度往往决定了他们撰写的商标代理文书的水平。文字、图形、字母、数字、三维标志、颜色组合和声音等，以及上述要素的组合，均可以作为商标申请注册，因此要判断相同或近似商标并不容易。中国商标局基于《商标注册用商品和服务国际分类尼斯协定》制定了《类似商品和服务区分表》，包括 45 个商品或服务大类，485 个类似群，涉及几万种商品和服务，体系和非常庞杂。判断类似商品不但要依据《类似商品和服务区分表》，还要综合考虑商品和服务的功能及消费习惯等因素。如果没有专门知识和丰富的实践经验，根本不可能判断相同或相似的商品或服务。

3. 商标代理的第三人是具有商标行政管理职能或司法职能的国家机关

民事代理涉及本人（被代理人）、代理人和第三人等三方当事人。商标代理作为民事代理的一种，自然不例外。商标代理的第三人相对来说是比较固定的。商标注册国内申请、商标异议申请及答辩、注册商标的续展、转让、变更、许可备案等代理事项的第三人都是商标局；商标驳回复审申请、商标无效宣告申请及答辩等代理事项的第三人都是商标评审委员会；商标诉讼代理事项的第三人是法院，当然依据商标诉讼的类型和标的，法院会有不同而已。

二、商标代理的种类

(一)任意代理与强制代理

根据法律对商标代理是否必须委托代理机构的要求，可以将商标代理分为任意代理与强制代理。

1.任意代理

所谓任意代理，是指商标申请人或商标权人可以自行办理商标申请或相关事宜，也可以委托依法设立的商标代理机构办理，法律不作强制性规定。任意代理适用于本国人或在本国有住所或营业场所的外国人或外国企业。对于这类人或企业，我国《商标法》第十八条第一款规定，申请商标注册或者办理其他商标事宜，可以自行办理，也可以委托依法设立的商标代理机构办理。《商标法实施条例》第五条第四款规定，商标法第十八条所称外国人或者外国企业，是指在中国没有经常居所或者营业场所的外国人或者外国企业。

2.强制代理

所谓强制代理，是指法律规定申请注册和办理其他商标事宜必须委托商标代理机构办理，不能够自行办理。我国《商标法》第十八条第二款规定，外国人或者外国企业在中国申请商标注册和办理其他商标事宜的，应当委托依法设立的商标代理机构办理。根据我国《商标法》第十八条和《商标法实施条例》第五条的相关规定，可以得出商标强制代理的两层含义：第一，商标强制代理适用于在我国无住所或营业场所的外国人或外国企业。如果是在我国有住所或营业场所的外国人或外国企业，可以自行办理商标事宜，也可以委托商标代理机构办理。第二，必须委托依法设立的商标代理机构代理商标事宜。依法设立的商标代理机构是指经过国家商标局备案的公司、律师事务所。

(二)国内代理与涉外代理

根据商标代理是否具有涉外因素，可以将商标代理分为国内代理与涉外代理。我国《商标法》对涉外商标代理有许多特别的法律规定。

1.国内代理

国内代理是指国内商标申请人或商标权人委托国内代理机构在国内办理相关商标事宜的商标代理。国内代理的委托人都是具有中国国籍的自然人、依照中国法律设立的企业或其他经济组织。国内代理的商标事宜都是在国家商标局、商标评审委员会和法院等国家机关可以办结的事项,没有涉外因素,

2.涉外代理

涉外代理是指委托人或委托事项具有涉外因素的商标代理。外国人、外国企业在我国委托商标代理机构办理商标事宜属于涉外代理。我国自然人、企、事业单位等组织需要在境外办理商标注册申请或其他商标事宜也属于涉外代理。中国籍自然人、企、事业单位等组织向世界知识产权组织国际局申请办理商标国际注册,属于涉外代理。商标国际注册不是我国商标局就能够办结的事项。

三、商标代理制度的意义

商标代理制度有助于提高商标主管部门的效率,推动我国商

标事业快速发展，为我国企业走出国门保驾护航。

（一）商标代理制度可以提高商标主管部门办事效率

商标代理机构熟悉商标注册申请、商标驳回复审申请、商标异议申请及答辩、商标无效宣告申请及答辩、商标撤销申请及答辩等商标代理事务的流程，而且具有较高的专业水平和丰富的实践经验，因此商标代理机构准备的商标文书比较规范。商标主管部门审查规范的商标文书能够节约大量的时间，提高办事效率。即使发现问题，商标主管部门也能够与商标代理机构更好地沟通。如果每一个自然人或企事业单位都自行办理商标事宜，商标主管部门必定要花费更多的时间去处理因为业务不熟悉、专业水平不够带来的相关事宜。

（二）商标代理制度能够推动我国商标事业快速发展

根据国家商标局数据，截至 2015 年 9 月底，我国商标累计注册申请量为 1764.17 万件，累计商标注册量为 1176.29 万件，连续 13 年位居世界第一。[①] 我国已经成为名副其实的商标大国，商标事业发展取得了举世瞩目的成绩。在这份成绩单上，商标代理制度也有一份功劳在里面。正是因为我国 1999 年放开商标代理，才使得

① 中国工商报：《我国有效注册商标总量突破千万大关》，http://sbj.saic.gov.cn/sbyw/201510/t20151014_162797.html，2016-9-30 登录。

我国因为改革开放释放的商标注册需求得到有效的满足。

(三)商标代理制度将为我国企业走出国门保驾护航

近几年,随着党中央和国务院提出"一带一路"战略,我国企业"走出去"的步伐进一步加快。走出国门是有风险的,知识产权风险是经常遇到的风险之一。一个企业要将自己的产品销往国外,或者在国外投资设厂,必须注册商标,同时要注意保护商标权。国际商标注册、商标布局和商标维权都需要专业的涉外知识产权人才。一个企业不太可能维持一个庞大的知识产权人才队伍,而将涉外商标事务委托给专业的商标代理机构则是一个共赢的选择,因此商标代理制度必将为我国企业走出国门保驾护航。

四、我国商标代理制度的历史沿革

(一)商标核转制时期

1991年之前,国内商标申请人申请商标都必须经过各级工商行政管理部门的核转,层层上报至国家工商行政管理局商标局才可以注册,这种商标注册方式称为"商标注册核转制"。之所以实行商标注册核转制,是由于我国长期实行计划经济体制,商标被作为各级政府监控产品质量和管理经济运行秩序的手段。[1] 1978 年改革开放之后，我国经济开始蓬勃发展，国内商标申请需求量开始激增，特别是沿海开放地区三资企业大量设立，提高了国内注册商标的意识。商标核转制已经不适应经济发展需求，与国际惯例也不相符。国家工商行政管理局开始意识到，工商行政管理机关是商标的行政管理部门，不能集行政管理和商标代理人双重身份于一身，因此急需一批商标代理人来从事商标代理事务。

(二)事业单位商标代理制时期

1988 年颁布的《商标法实施细则》第三条规定，申请商标注册、转让注册、续展注册、变更注册人名义或者地址、补发商标注册证等有关事项，由申请人所在地县级以上工商行政管理机关(以下简称核转机关)核转，或者由国家工商行政管理局指定的组织代理。这条规定为实施商标代理制埋下伏[illegible]月 22 日，国家工商行政管理局发布了《关于试点建立[illegible]行商标代理制的通知》，提出在上海等省、市试点建立[illegible]并且在试点的基础上，逐步在各省、自治区、直辖市建[illegible]。商标事务所属事业单位，企业管理，独立经营，自负盈亏，其主管机关是有关工商行政管理局。1991 年 5 月 22 日国家工商行政管理局又发布了《关于试点建立商标事务所推行商标代理制的补充通知》，进一

---

① 商监人：《试析我国商标代理管理体制的发展趋势》，载《中国工商报》2001 年 3 月 22 日 B03 版。

步补充了试点建立商标事务所推行商标代理制的相关事项。1994年6月29日国家工商行政管理局颁布了《商标代理组织管理暂行办法》对商标代理组织和商标代理人资格的取得、商标代理业务范围和商标代理监管等事项进行了较详细的规定，这意味着我国商标代理制的正式确立。在事业单位商标代理制时期，商标事务所是事业单位，实际上并没有真正脱离工商行政管理机关，在人、财、物方面自主权不足，经营机制不够灵活；商标代理人因具有事业编制，而缺乏服务意识和竞争意识。因此，这一时期商标事务所和商标代理人不能够充分满足社会上商标代理的需求。

（三）市场化商标代理制时期

1999年12月2日国家工商行政管理局制定颁布《商标代理管理办法》。该办法第十八条第一款规定，具有法学专科以上学历或者其他专业本科以上学历及具有同等学历的人员，参加商标代理人资格考试合格的，由商标局授予商标代理人资格，颁发《商标代理人资格证书》。2000年3月1日国家工商行政管理局制定又制定了《商标代理人资格考试办法》和《商标代理人资格考核办法》。《商标代理人资格考试办法》规定，符合规定条件的公民都可以参加商标代理人资格考试，考试合格后可以授予商标代理人资格证书。《商标代理人资格考核办法》则规定，符合规定条件的中国公民可以经商标局考核合格后被授予商标代理人资格证书。上述三个文件的颁布意味着我国商标代理行业已经向社会全面开放，开始慢慢走向市场化。2001 年 11 月 3 日,国务院办公厅转发了国家工商行政管理总局《关于工商行政管理机关限期与所办市场彻底脱钩有关问题的意见》(国办发〔2001〕83 号),强调为全面落实国务院关于中介机构脱钩改制工作的部署,进一步推进商标代理机构脱钩改制工作。商标事务所与工商局脱钩后,不再具有事业单位属性,成为从事商标代理事务的企业。《国务院关于取消第二批行政审批项目和改变一批行政审批项目管理方式的决定》(国发〔2003〕5 号),取消商标代理机构审批和商标代理人资格核准行政审批。根据国家工商行政管理总局 2003 年发布的《关于商标代理行政审批取消后有关工作的通知》,新设立的商标代理机构,应根据《中华人民共和国公司法》或《中华人民共和国合伙企业法》的规定注册为有限责任公司或个人合伙企业,并经商标局备案就可以,2004 年进一步放宽到省级和计划单列市工商局备案。2010 年 7 月 12 日国家工商行政管理总局颁布新的《商标代理管理办法》,构建了一个与国际惯例接轨又具有中国特色的商标代理体制。国家工商行政管理总局和司法部于 2012 年还联合发布《律师事务所从事商标代理业务管理办法》,规定律师事务所经商标局备案可以从事商标代理业务。可以说,我国当前商标代理制度已经全面市场化,竞争已经非常充分,能够满足社会上商标代理需求。

第二节　商标代理机构

一、商标代理机构的概述

商标代理机构是指接受被代理人的委托，以被代理人名义办理商标注册或者其他商标事宜的法律服务机构。《商标法实施条例》第八十四条第一款规定，商标法所称商标代理机构，包括经工商行政管理部门登记从事商标代理业务的服务机构和从事商标代理业务的律师事务所。商标代理机构的组织形式在我国有一个演变过程。20世纪90年代，我国商标代理机构都是事业单位，隶属于各级工商行政管理局。国家工商行政管理总局2003年发布的《关于商标代理行政审批取消后有关工作的通知》第二条规定，新设立的商标代理机构，应根据《中华人民共和国公司法》或《中华人民共和国合伙企业法》的规定注册为有限责任公司或个人合伙企业。从2012年开始，律师事务所经商标局备案也可以成为商标代理机构。

二、商标代理机构的成立条件

商标代理机构作为从事商标代理的法律服务机构，必须依法成立，符合相应的条件。《商标代理管理办法》第四条规定，申请设立商标代理组织的，申请人向所在地县级以上工商行政管理部门申请登记，领取《企业法人营业执照》或者《营业执照》。律师事务所从事商标代理的，不适用前款规定。商标代理机构主要包括两类：一类是经工商行政管理部门登记的从事商标代理业务的公司或其他组织，另一类是依法设立的律师事务所。商标代理实践当中，经工商行政管理部门登记的商标代理机构主要采用有限责任公司或合伙企业形式。由于现有商标法律法规没有对商标代理机构成立条件进行特别限制，因此经工商行政管理部门登记的商标代理机构只需满足《公司法》或《合伙企业法》有关企业成立的条件即可。

不管是经工商行政管理部门登记的从事商标代理业务的公司或其他组织，还是律师事务所，都必须向商标局备案才可以从事商标代理业务。《商标法实施条例》第八十四条第二款规定，商标代理机构从事商标局、商标评审委员会主管的商标事宜代理业务的，应当按照下列规定向商标局备案：(1)交验工商行政管理部门的登记证明文件或者司法行政部门批准设立律师事务所的证明文件并留存复印件；(2)报送商标代理机构的名称、住所、负责人、联系方式等基本信息；(3)报送商标代理从业人员名单及联系方式。

三、商标代理机构的业务范围

商标代理机构的业务范围可以分为狭义和广义两种。狭义的商标代理业务是指代理商标局或商标评审委员会主管的商标事务。《商标代理管理办法》第六条规定，商标代理组织可以接受委托人委托，指定商标代理人办理下列业务：（一）代理商标注册申请、变更、续展、转让、异议、撤销、评审、侵权投诉等有关事项；（二）提供商标法律咨询，担任商标法律顾问；（三）代理其他有关商标事务。该条所规定的业务基本上都是商标局和商标评审委员会主管的。广义的商标代理业务还包括在其他行政部门或司法部门主管的商标事务，例如商标海关备案、商标民事诉讼、商标行政诉讼和商标刑事诉讼等。

在商标代理实践中，大多数商标代理机构从事广义的商标代理业务。例如，北京万慧达知识产权代理公司从事的商标代理业务主要包括：第一，国内商标代理服务，包括商标申请、变更、续展、转让、异议、撤销、评审等；第二，涉外商标综合服务，涉外商标查询、注册申请、续展服务、涉外商标抢注异议、涉外海关备案、涉外商标侵权案件、展会临时禁令应对等涉外商标事务；第三，著名商标和驰名商标的指导代理；第四，商标稽核及战略分析服务、商标托管服务；第五，商标维权和诉讼代理服务。[①] 可见大多数商标代理机构从事的商标代理业务是非常广泛的。

① 该业务范围摘编自万慧达知识产权代理公司官方网站，http://www.wanhuida.com/tabid/56/Default.aspx，2016 年 10 月 1 日登录。

四、商标代理机构的从业人员

商标代理人是指掌握商标代理专业知识，并在商标代理机构中执业的从业人员。《商标代理管理办法》第九条规定，商标代理人应当符合以下条件：(一)具有完全的民事行为能力；(二)熟悉商标法和相关法律、法规，具备商标代理专业知识；(三)在商标代理机构中执业。当前法律法规没有对商标代理人设置学历背景的要求，因此商标代理人准入门槛很低。正因为如此，当前商标代理人队伍素质参差不齐。绝大多数商标代理人具备较强的商标代理专业知识，但是也有一些商标代理人专业素养不高。

我国曾经对商标代理人实行过资格准入制度，2000 年颁布的《商标代理人资格考试办法》第四条规定，年满 18 周岁，具有完全民事行为能力，或者具有高等院校法学专科以上、其他专业本科以上学历或者同等学历的人员可以报名参加商标代理人资格考试。2000 年颁布的《商标代理人资格考核办法》第四条规定，遵守《中华人民共和国宪法》，身体健康，具备完全民事行为能力，年龄在 65 岁以下，在省级以上学术刊物上发表过有关商标法律的文章，取得商标代理人资格后拟从事商标代理工作的中华人民共和国公民，具备下列条件之一的，经商标局考核批准，可以取得商标代理人资格：(一)具有法学研究生以上学历，从事商标注册或者商标行政管理工作五年以上；(二)具有大学本科以上学历，从事商标法律教学研究工作或者知识产权审判工作十年以上；(三)具有大学专科以上学历，从事商标注册工作八年以上或者从事商标行政管理工作十年以上，或者担任商标行政管理部门处级以上领导职务五年以上。尽管上述商标代理人资格审批很快被取消，但是我们认为对商标代理人适当提高资格准入条件是有必要的。

第三节　商标代理权

一、商标代理权的概念

代理权是一种资格或地位，即代理人得以被代理人名义向第三人为意思表示或者接受第三人意思表示的资格或地位。[①] 商标代理权即商标代理机构以被代理人的名义向国家商标局、商标评审委员会等第三人作出商标申请或其他商标事务的意思表示，并代为接受第三人意思表示的资格或地位。商标代理权是商标代理制度的核心内容。商标代理权的有无决定了商标代理行为是否有效。

① 张新宝：《代理权若干问题研讨》，载《法学研究》1987 年第 6 期。

二、商标代理权的取得

我国《民法通则》第六十四条第一款规定,“代理包括委托代理、法定代理和指定代理。”从该条可以推断出,代理权的产生途径有三种:第一,代理人通过被代理人授权委托获得代理权;第二,法律根据一定的社会关系(如婚姻关系、血缘关系)直接授予代理权给法定代理人;第三,代理人通过法院或有关单位的指定获得代理权。在社会实践当中,商标代理权的取得也可能包括上述三种途径,但商标代理机构取得的商标代理权一般是基于商标申请人或商标权人的书面授权委托。

一般情况下,商标申请人或商标权人要委托商标代理机构代理商标事务,应当签订商标代理合同,并签署商标代理委托书。《商标法实施条例》第五条规定,当事人委托商标代理机构申请商标注册或者办理其他商标事宜,应当提交代理委托书。代理委托书应当载明代理内容及权限;外国人或者外国企业的代理委托书还应当载明委托人的国籍。外国人或者外国企业的代理委托书及与其有关的证明文件的公证、认证手续,按照对等原则办理。商标代理委托书是商标代理人享有商标代理权的有效凭证。国家商标局最新公布的商标代理委托书(示范文本)如下表所示。

商标代理委托书

（示范文本）

委托人＿＿＿＿＿＿＿＿＿＿是＿＿＿＿国国籍、依＿＿＿＿国法律组成，现委托＿＿＿＿＿＿＿＿代理＿＿＿＿＿＿＿＿商标的如下“√”事宜。

□商标注册申请
□撤销成为商品/服务通用名称注册商标申请
□商标异议申请
□撤销连续三年不使用注册商标提供证据
□商标异议答辩
□撤销成为商品/服务通用名称注册商标答辩
□更正商标申请人/注册人名义/地址 变更集体商标/证明商标管理则/集体成员名单申请
□补发商标注册证申请
□变更商标代理人/文件接收人申请
□出具优先权证明文件申请
□删减商品/服务项目申请
□撤回商标注册申请
□商标续展注册申请
□撤回商标异议申请
□转让/移转申请/注册商标申请书
□撤回变更商标申请人/注册人名义/地址 变更集体商标/证明商标管理规则/集体成员名单申请
□变更许可人/被许可人名称备案
□撤回变更商标代理人/文件接收人申请
□商标使用许可权质登记申请
□撤回商标续展注册申请
□商标专用权质登记申请
□撤回商标续展注册申请
□商标专用权质登记事项变更申请
□撤回转让/移转申请/注册商标申请
□商标专用权质权登记期限延期申请
□撤回商标使用许可备案
□商标专用权质权登记证补发申请

□撤回商标注销申请
□商标专用权质权登记注销申请
□撤回撤销连续三年不使用注册商标申请
□商标注销申请
□撤回撤销成为商品/服务通用名称注册商标申请
□撤销连续三年不使用注册商标申请
□其他________________

委托人地址________________　　委托人章戳(签字)
联　系　人________________
电　　　话________________
邮政编码________________　　年　月　日

三、商标代理权的行使

商标代理机构和商标代理人在行使商标代理权时必须遵守诚实信用原则,遵守法律、行政法规有关商标代理的规定。商标代理机构和商标代理人在行使商标代理权时必须遵循以下代理规则:第一,必须在被代理人授权范围内行使商标代理权,不得超越代理权限或者滥用代理权限。第二,应当亲自进行商标代理活动,不得擅自转委托。第三,应当积极履行商标代理职责,不得从事损害被代理人利益的行为。例如,未经授权,商标代理机构和商标代理人不得以自己的名义将被代理人的商标进行注册。第四,在商标代理活动中不得泄露被代理人的隐私或者商业秘密。《商标代理管理办法》第十一条规定,商标代理人应当为委托人保守商业秘密,未经委托人同意,不得把未经公开的代理事项泄露给其他机构和个人。第五，在商标代理活动中不得损害其他民事主体的利益。例如，商标代理机构知道或应当知道商标申请人申请注册商标损害他人现有的在先权利，或以不正当手段抢先注册他人已经使用并有一定影响的商标，依据商标法规定不得接受其委托。第六，不得自己代理；即商标代理机构或商标代理人以被代理人的名义与自己或其近亲属实施商标代理行为。自己代理使得代理关系中的三方关系少了相对人一方，其法律关系发生在被代理人与代理人之间。[①] 代理人自己对自己作意思表示，容易损害被代理人的利益。第七，不得双方代理。根据《商标法实施条例》第八十八条第一款第三项，商标代理机构在同一商标案件中接受有利益冲突的双方当事人委托属于以其他不正当手段扰乱商标代理市场秩序的行为。

四、商标代理权的终止

商标代理机构的代理权一般都基于委托人委托授权产生，因此这里只探讨委托代理终止的情形。根据《民法通则》第六十九条规定，有下列情形之一的，委托代理终止：(一)代理期间届满或者代理事务完成；(二)被代理人取消委托或者代理人辞去委托；(三)代理人死亡；(四)代理人丧失民事行为能力；(五)作为被代理人或者代理人的法人终止。对于商标委托代理权而言，代理权终止的

① 唐烈英：《试论代理权的行使》，载《西南民族学院学报(哲学社会科学版)》2002 年第 5 期。

原因主要有：第一，商标代理事务已经完成；第二，商标代理权的委托期限届满；第三，商标代理机构辞去委托；第四，商标代理机构丧失商标代理业务资格，或被吊销营业执照，或主动解散并注销；第五，商标事务委托人取消委托；第六，作为商标事务委托人的自然人死亡，或作为商标事务委托人的企业组织终止。

第四节　商标代理行业监管

一、商标代理行业监管概述

自从 2003 年商标代理全面实行市场化之后，商标代理机构和商标代理人不再需要国家商标局审批，商标代理行业的门槛降低了。只要成立一个咨询服务公司，经营范围包括商标代理，经国家商标局备案就可以从事商标代理业务。截至目前，经国家商标局备案的商标代理机构有 16979 家，其中备案的律师事务所有 8787 家。[①] 商标代理机构数量的激增是商标代理行业蓬勃发展的标志之一，但一定程度也造成了商标代理行业鱼龙混杂的局面。在商标代理实践中，超范围代理、虚假代理、欺诈代理、“皮包”代理和异

① 数据来源于国家工商行政管理总局商标局官方网站，http://sbsq.saic.gov.cn:9080/tmoas/agentInfo_getAgentDljg.xhtml，2016 年 10 月 2 日登录。

地代理等违法违规行为严重扰乱了商标代理行业市场秩序。有实务界人士认为，商标代理行业存在的主要问题包括：[①]第一，代理人业务素质低，能力有待提高；第二，代理人缺乏诚信，商标代理机构社会评价低；第三，代理人流动性大，商标代理行业难以吸引和留住人才；第四，商标代理人和商标代理机构的权利义务不明确；第五，商标代理行业缺乏核心价值，独立面临挑战。

上述问题表明，只有通过严格监管，商标代理行业才能健康发展，才能维护良好的商标代理市场秩序。在 2013 年之前，我国商标代理行业监管模式是政府监管模式。商标代理行业自律监管几乎没有发挥作用，在法律上也找不到监管依据。2013 年 8 月 30 日公布的《商标法》增加了一些商标代理行业监管的法律条文，确立了商标代理行业政府监管和行业自律监管相结合的监管模式。《商标法》第二十条规定，商标代理行业组织应当按照章程规定，严格执行吸纳会员的条件，对违反行业自律规范的会员实行惩戒。商标代理行业组织对其吸纳的会员和对会员的惩戒情况，应当及时向社会公布。

二、商标代理行业的政府监管

国家工商行政管理部门一直在积极履行商标代理行业监管职责，维护商标代理市场秩序。2003 年之前，工商行政管理部门对商

① 曹静：《商标代理资格制度及自律体系的正当性和必要性》，载《中华商标》2010 年第 10 期。

标代理机构和商标代理人实行行政审批制度。商标代理机构要开展商标代理业务必须领取《商标代理机构证书》，商标代理人要从事商标代理工作必须领取《商标代理人资格证书》。2003 年之后，国务院取消了商标代理机构审批和商标代理人资格核准行政审批。国家工商管理总局商标局开始对商标代理机构实行备案制度，同时根据《商标法》和《商标代理管理办法》对商标代理机构和商标代理人的商标代理活动进行监管。

商标代理机构和商标代理人违法从事商标代理活动必须承担相应的行政责任和刑事责任。《商标代理管理办法》第十三条规定，商标代理组织如果违反相关规定，可以由其所在地或者行为地县级以上工商行政管理部门予以警告或者处以一万元以下罚款；有违法所得的，处以违法所得额三倍以下，最高不超过三万元的罚款。① 该办法第十四条规定，商标代理人如果违反相关规定，可以由其所在地或者行为地县级以上工商行政管理部门予以警告或者处以一万元以下罚款。②《商标代理管理办法》只规定了警告和罚款两种行政处罚。《商标法》第六十八条规定，商标代理机构如果违反相关规定，将受到责令限期改正、警告、罚款、记入信用档案和

---

① 《商标代理管理办法》第十三条　商标代理组织有下列行为之一的，由其所在地或者行为地县级以上工商行政管理部门予以警告或者处以一万元以下罚款；有违法所得的，处以违法所得额三倍以下，但最高不超过三万元罚款：(一)与第三方串通，损害委托人合法权益的；(二)违反本办法第五条、第七条规定的；(三)损害国家和社会公共利益或者其他代理组织合法权益的；(四)从事其他非法活动的。

② 《商标代理管理办法》第十四条　商标代理人有下列行为之一的，由其所在地或者行为地县级以上工商行政管理部门予以警告或者处以一万元以下罚款：(一)私自接受委托，向委托人收取费用，收受委托人财物的；(二)隐瞒事实，提供虚假证据，或者威胁、诱导他人隐瞒事实，提供虚假证据的；(三)违反本办法第十条、第十一条、第十二条规定的；(四)有其他违法行为的。

停止受理其办理商标代理业务等行政处罚，同时将对直接负责的主管人员和其他直接责任人员给予警告和罚款。该条还规定，如果商标代理机构的行为构成了犯罪，将依法追究刑事责任。①

三、商标代理行业的自律监管

我国商标代理行业的自律监管比较滞后。2013 年之前，商标代理行业组织几乎没有履行过自律监管职责。《商标法》第二十条明确商标代理行业组织的监管职责之后，各级商标代理行业组织才开始纷纷制定惩戒规则，加强对商标代理活动的自律监管。目前全国性商标代理行业组织是成立于 2008 年的中华商标协会商标代理分会。该会是由国内较大规模、信誉良好的一些商标代理组织发起。该会主要职责之一是“完善行业管理，加强行业自律，促进行业发展”。《中华商标协会商标代理分会惩戒规则》于 2013 年 1 月 25 日开始实施。该规则第四条规定，对商标代理机构的惩戒

① 《商标法》第六十八条 商标代理机构有下列行为之一的，由工商行政管理部门责令限期改正，给予警告，处一万元以上十万元以下的罚款；对直接负责的主管人员和其他直接责任人员给予警告，处五千元以上五万元以下的罚款；构成犯罪的，依法追究刑事责任：

（一）办理商标事宜过程中，伪造、变造或者使用伪造、变造的法律文件、印章、签名的；

（二）以诋毁其他商标代理机构等手段招徕商标代理业务或者以其他不正当手段扰乱商标代理市场秩序的；

（三）违反本法第十九条第三款、第四款规定的。

商标代理机构有前款规定行为的，由工商行政管理部门记入信用档案；情节严重的，商标局、商标评审委员会并可以决定停止受理其办理商标代理业务，予以公告。

商标代理机构违反诚实信用原则，侵害委托人合法利益的，应当依法承担民事责任，并由商标代理行业组织按照章程规定予以惩戒。

分为:(1)警告;(2)通报批评;(3)终止会员资格;(4)除名并将惩戒结果报送商标主管部门,提请行政管理部门给予相应的行政处罚。中华商标协会商标代理分会成立后,省级商标协会商标代理分行相继设立,致力于省级商标代理行业的自律监管。商标代理行业自律监管存在的问题在于,商标协会商标代理分会遵循自愿加入原则,只有部分较大的商标代理机构加入,大量规模较小的商标代理机构没有加入。这导致商标代理行业自律监管的影响力有限,不能够很好地发挥行业自律监管行为。

◆案例一◆ 妈妈宝贝公司诉志诚公司商标代理合同纠纷案[①]

基本案情:2014 年 8 月 15 日,成都妈妈宝贝家政服务有限公司(简称妈宝公司)与成都市志诚商标代理有限公司(简称志诚公司)签订了一份《商标代理委托合同》,主要约定:妈宝公司委托志诚公司为其代理“妈妈宝贝”文字加图形商标的注册事宜,商标使用的商品类别为第 35 类、第 45 类;总费用为 3200 元;志诚公司保证,提供妈宝公司后期服务 10 年;如妈宝公司未拿到国家下发的官方申请号,志诚公司则全额退还商标注册费用等。合同签订后,妈宝公司向志诚公司支付了约定的费用,志诚公司于 2014 年 8 月 27 日向妈宝公司出具了 3200 元的商标注册费发票。2014 年 11 月 6 日,妈宝公司向志诚公司出具了《商标代理委托书》,委托志诚公司代理“妈妈宝贝”文字加图形商标的商标注册申请。志诚公司随

---

① 参见中国裁判文书网成都高新技术产业开发区人民法院(2015)高新知民初字第 284 号,http://wenshu.court.gov.cn/content/content? DocID = 570a2bc8 - b5eb - 4561 - a754 - 74f3dc34b04a,2017 年 7 月 30 日登录。

后代妈宝公司向国家工商行政管理总局商标局(简称国家商标局)提出了案涉商标的注册申请。

2015年1月21日,国家商标局向妈宝公司下发了《商标注册申请受理通知书》,载明国家商标局已经受理妈宝公司的“妈妈宝贝”文字加图形商标的注册申请,其类别为第35、45类。该受理通知书还载明了申请日期为2014年12月15日。妈宝公司于2015年5月11日签收了志诚公司向其送达的该受理通知书。2015年10月23日,国家商标局就案涉商标下发了《商标部分驳回通知书》,载明:一、初步审定在第45类“开保险锁、领养代理”上使用该商标的注册申请并予以公告;二、驳回在第35类指定的商品/服务、第45类“社交陪伴,临时照看婴孩,家务服务,临时照料宠物,婚姻介绍,知识产权咨询,诉讼服务,寻人调查”上使用该商标的注册申请等。该驳回通知书还载明了驳回案涉商标申请的理由,主要是案涉商标与他人已经注册在同类或类似的商品或服务项近似,并附有印证商标的具体情况。

妈宝公司得知上述情况后要求志诚公司退还其商标注册费。妈宝公司声称,志诚公司许诺过,如果妈宝公司未拿到国家商标注册通知,则全额退还商标注册费。志诚公司则辩称,对双方签订合同的事实不持异议,志诚公司已经代理妈宝公司向国家商标局提交了“妈妈宝贝”商标的注册申请并收到了受理通知书,完全履行了合同义务,妈宝公司的“妈妈宝贝”商标须获准注册并非志诚公司的合同义务,故妈宝公司的诉讼请求应予驳回。

判决结果:法院认为,妈宝公司和志诚公司签订的《商标代理委托合同》系其真实意思表示,未违反相关法律法规的禁止性规定,应属合法有效。妈宝公司按约向志诚公司支付了商标注册费后,志诚公司代妈宝公司向国家商标局提出了其商标的注册申请并取得了国家商标局下发的《商标注册申请受理通知书》。该商标未能在指定使用的大部分商品/服务类别通过注册申请,妈宝公司认为志诚公司应向其退还全部费用,理由是志诚公司的合同义务是须保证妈宝公司的商标取得注册证。然而,首先,案涉合同并无相关明确约定,妈宝公司也没有证据证明其与志诚公司对此达成了协议或志诚公司对其作出了相关承诺,志诚公司开具的“商标注册”费发票也并不能说明其保证妈宝公司将取得商标注册;其次,众所周知,商标能否通过核准注册是由国家商标局决定,并非由商标代理机构决定。妈宝公司的商标能否通过核准注册带有一定主观判断的范畴,即使作为专业机构也不能做出百分之百确定的结论,故妈宝公司并不能证明志诚公司对此具有主观过错。妈宝公司以案涉商标未通过核准注册为由要求志诚公司向其退还全部合同费用并赔偿损失的诉请不能成立;最后,法院考虑到双方签订的《商标代理委托合同》中约定的志诚公司的义务包括“后期服务10年”的内容,由于案涉商标申请被大部分驳回的结果将客观上导致志诚公司不能履行该义务,因此酌情要求志诚公司向妈宝公司退还500元合同款。

| 第二章 |

商标注册申请代理

第一节　商标类别和名称选择

一、商标注册用商品或服务国际分类

商标是区别商品或服务来源的一种标志，每一个注册商标都是指定用于某一商品或服务上的。例如，提到海尔，大家就会联想到冰箱；提到茅台，大家就会想到白酒。现实生活中，商品和服务品种成千上万，如果没有一套科学的分类管理体系，几乎不可能检索、查询一个商标，也不可能正确指定商标使用的商品和服务。在《商标注册用商品和服务国际分类尼斯协定》签署之前，各国商标主管机关都根据本国国情制定商品和服务分类表，供商标注册申请人使用。这种情形阻碍了国际贸易发展，也不利于商标事务国际交流。一些国家的商标主管机构认识到需要一个国际统一的商标注册分类表。

1957 年 6 月 15 日在法国南部城市尼斯，一些发起国签署了《商标注册用商品和服务国际分类尼斯协定》，简称《尼斯协定》。该协定 1961 年 4 月 8 日生效。尼斯协定的成员国目前已发展到

65个。我国于1994年8月9日加入了尼斯协定。尼斯协定的宗旨是建立一个共同的商标注册用商品和服务国际分类体系,并保证其实施。《尼斯协定》将商品和服务分为45类,其中商品34类,服务项目11类,共包含一万多个商品和服务项目。目前世界上已有一百三十多个国家和地区采用此分类表。①

二、中国类似商品或服务区分表

国家工商行政管理总局商标局基于尼斯协定第十版并结合我国国情制定了《类似商品和服务区分表》(2015年文本)。《类似商品和服务区分表》体现了我国商品和服务分类的特色,共包括45类,其中商品34类(第1～34类),服务项目11类(第35～45类)。下面以表格形式对《类似商品和服务区分表》进行简单介绍。

《类似商品和服务区分表》简介②

类别	领域		群组数
第01类	化学材料	用于工业、科学、摄影、农业、园艺和林业的化学品;未加工人造合成树脂;未加工塑料物质;肥料;灭火用合成物;淬火和焊接用制剂;保存食品用化学品;鞣料;工业用黏合剂	0101～0116

① 参考《商标注册用商品和服务分类说明》,国家工商行政管理总局商标局官方网站,http://sbj.saic.gov.cn/sbsq/spfl/,2016年10月2日登录。

② 表格参照张锐、李石编:《商标实务指南》,法律出版社2015年版,第9页。有些词语进行了改动。

续表

类别	领域		群组数
第 02 类	颜料油漆	颜料，清漆，漆；防锈剂和木材防腐剂；着色剂；媒染剂；未加工的天然树脂；画家、装饰家、印刷商和艺术家用金属箔及金属粉	0201～0207
第 03 类	日化用品	洗衣用漂白剂及其他物料；清洁、擦亮、去渍及研磨用制剂；肥皂；香料，香精油，化妆品，洗发水；牙膏	0301～0310
第 04 类	燃油油脂	工业用油和油脂；润滑剂；吸收、润湿和黏结灰尘用合成物；燃料（包括马达用燃料）和照明材料；照明用蜡烛和灯芯。	0401～0407
第 05 类	医药卫生	药用和兽医用制剂；医用卫生制剂；医用或兽医用营养食物和物质，婴儿食品；人用和动物用膳食补充剂；膏药，绷敷材料；填塞牙孔用料，牙科用蜡；消毒剂；消灭有害动物制剂；杀真菌剂，除莠剂	0501～0508
第 06 类	金属器具	普通金属及其合金；金属建筑材料；可移动金属建筑物；铁轨用金属材料；普通金属制非电气用缆线；五金具，金属小五金具；金属管；保险箱；不属别类的普通金属制品；矿石	0601～0624
第 07 类	机械设备	机器和机床；马达和引擎（陆地车辆用的除外）；机器联结器和传动机件（陆地车辆用的除外）；非手动农业器具；孵化器；自动售货机	0701～0754
第 08 类	手工器械	手工具和器具（手动的）；刀、叉和勺餐具；随身武器；剃刀	0801～0812
第 09 类	电子仪器	科学、航海、测量、摄影、电影、光学、衡具、量具、信号、检验（监督）、救护（营救）和教学用装置及仪器；处理、开关、传送、积累、调节或控制电的装置和仪器；录制、通讯、重放声音或影像的装置；磁性数据载体，录音盘；光盘，DVD 盘和其他数字存储媒介；投币启动装置的机械结构；收银机，计算机器，数据处理装置，计算机；计算机软件；灭火器械	0901～0924

续表

类别	领域		群组数
第 10 类	医疗器械	外科、医疗、牙科和兽医用仪器及器械，假肢，假眼和假牙；整形用品；缝合用材料	1001～1009
第 11 类	家用电器	照明、加热、蒸汽发生、烹饪、冷藏、干燥、通风、供水以及卫生用装置	1101～1113
第 12 类	交通工具	运载工具；陆、空、海用运载装置	1201～1211
第 13 类	军火烟花	火器；军火及弹药；爆炸物；烟火	1301～1304
第 14 类	珠宝钟表	贵重金属及其合金，不属别类的贵重金属制品或镀有贵重金属的物品；珠宝首饰，宝石；钟表和计时仪器	1401～1404
第 15 类	乐器用品	乐器	1501～1502
第 16 类	办公用品	不属别类的纸、纸板及其制品、印刷品，装订用品，照片、文具用品，文具或家庭用黏合剂．美术用品、画笔、打字机和办公用品（家具除外），教育或教学用品（仪器除外），包装用塑料物品（不属别类的），印刷铅字，印版	1601～1621
第 17 类	橡胶制品	橡胶、古塔胶、树胶、石棉、云母，以及不属别类的这些原材料的制品；生产用成型塑料制品；包装、填充和绝缘用材料；非金属软管	1701～1708
第 18 类	皮革皮具	皮革和人造皮革，不属别类的皮革和人造皮革制品；毛皮；箱子和旅行袋；雨伞和阳伞；手杖；鞭和马具	1801～1807
第 19 类	建筑材料	非金属的建筑材料；建筑用非金属刚性管；柏油，沥青；可移动非金属建筑物；非金属碑。	1901～1915
第 20 类	家具枕头	家具，镜子，相框；不属别类的木、软木、苇、藤、柳条、角、骨、象牙、鲸骨、贝壳、琥珀、珍珠母、海泡石制品，这些材料的代用品或塑料制品	2001～2014

续表

类别	领域		群组数
第 21 类	家用器具	家用或厨房用器具和容器;梳子和海绵;刷子(画笔除外);制刷材料;清洁用具;钢丝绒;未加工或半加工玻璃(建筑用玻璃除外);不属别类的玻璃器皿、瓷器和陶器	2101～2115
第 22 类	绳网袋篷	缆,绳,网,帐篷,遮篷,防水遮布,帆,袋和包(不属别类的);衬垫和填充材料(橡胶或塑料除外);纺织用纤维原料	2201～2205
第 23 类	纺织纱线	纺织用纱和线	2301～2303
第 24 类	布料床单	布料和不属别类的纺织品;床单;桌布	2401～2411
第 25 类	服装鞋帽	服装,鞋,帽	2501～2513
第 26 类	花边饰品	花边和刺绣,饰带和编带;纽扣,领钩扣,饰针和缝针;假花	2601～2610
第 27 类	地毯席垫	地毯,地席,席类,油毡及其他铺地板材料;非纺织品制墙帷	2701～2704
第 28 类	体育玩具	游戏器具和玩具;不属别类的体育和运动用品;圣诞树用装饰品	2801～2812
第 29 类	食品果蔬	肉,鱼,家禽和野味;肉汁;腌渍、冷冻、干制及煮熟的水果和蔬菜;果冻,果酱,蜜饯;蛋;奶和奶制品;食用油和油脂	2901～2913
第 30 类	茶糖调料	咖啡,茶,可可和咖啡代用品;米;食用淀粉和西米;面粉和谷类制品;面包、糕点和甜食;冰制食品;糖,蜂蜜,糖浆;鲜酵母,发酵粉;食盐;芥末;醋,沙司(调味品);辛香料;饮用冰	3001～3019
第 31 类	谷物花木	谷物和不属别类的农业、园艺、林业产品;活动物;新鲜水果和蔬菜;种籽;草木和花卉;动物饲料;麦芽	3101～3110
第 32 类	啤酒饮料	啤酒;矿泉水和汽水以及其他不含酒精的饮料;水果饮料及果汁;糖浆及其他制饮料用的制剂	3201～3203
第 33 类	酒精饮料	含酒精的饮料(啤酒除外)	3301

续表

类别	领域		群组数
第 34 类	烟草烟具	烟草;烟具;火柴	3401～3405
第 35 类	广告贸易	广告;商业经营;商业管理;办公事务	3501～3509
第 36 类	金融物管	保险;金融事务;货币事务;不动产事务	3601～3609
第 37 类	建筑修理	房屋建筑;修理;安装服务	3701～3718
第 38 类	通讯电信	电信	3801～3802
第 39 类	运输旅行	运输;商品包装和贮藏;旅行安排	3901～3912
第 40 类	材料处理	材料处理	4001～4107
第 41 类	教育文体	教育;提供培训;娱乐;文体活动	4101～4107
第 42 类	科研服务	科学技术服务和与之相关的研究与设计服务;工业分析与研究;计算机硬件与软件的设计与开发	4201～4227
第 43 类	酒店餐饮	提供食物和饮料服务;临时住宿	4301～4306
第 44 类	医疗园艺	医疗服务;兽医服务;人或动物的卫生和美容服务;农业、园艺和林业服务	4401～4405
第 45 类	法律社交	法律服务;由他人提供的为满足个人需要的私人和社会服务;为保护财产和人身安全的服务	4501～4506

三、商品和服务类似判定

商标代理机构和商标代理人在帮助委托人申请商标时,必须判定委托人申请商标指定使用的商品和服务与他人已注册商标指定的商品和服务是否相同或类似。基于尼斯协定制定的《类似商品和服务区分表》是判断商品和服务类似的主要依据,但不是唯一的依据。商标局和商标评审委员会联合制定的《商标审查及审理标准》和《最高人民法院关于审理商标民事纠纷案件适用法律若干问题的解释》[①]（以下简称《解释》）都有对类似商品和类似服务进行过界定。《商标审查及审理标准》倾向于采用客观标准，更强调与商品或服务本身有关的因素，例如商品或服务的性质、用途、用户、通常效用及一般销售渠道等。[②]《解释》倾向于采用主观标准，认为类似商品和服务的判定应当防止混淆。

类似商品是指功能、用途、所用原料、销售渠道、消费对象等方面具有一定的共同性，如果使用相同、近似的商标，易使相关公众以为其存在特定联系、使消费者误以为是同一企业生产的商品。[③]类似商品的主要判定要素包括：第一，商品的功能、用途是否相同或者相近，能否满足消费者相同需求；商品在功能、用途上是否具有互补性，或者需要一并使用才能满足消费者的需求。第二，商品的原材料、成分是否相同或者相近。第三，商品的销售渠道、销售场所是否相同近似。第四，商品与零部件是否存在密切联系。第五，商品的生产者、消费者是否相同。第六，商品在社会上的消费习惯是否接近。

---

① 《最高人民法院关于审理商标民事纠纷案件适用法律若干问题的解释》第十一条　商标法第五十二条第（一）项规定的类似商品，是指在功能、用途、生产部门、销售渠道、消费对象等方面相同，或者相关公众一般认为其存在特定联系、容易造成混淆的商品。

类似服务，是指在服务的目的、内容、方式、对象等方面相同，或者相关公众一般认为存在特定联系、容易造成混淆的服务。

商品与服务类似，是指商品和服务之间存在特定联系，容易使相关公众混淆。

② 段晓梅：《商标评审案件中类似商品或者服务判定的审理实践（上）》，载《中华商标》2015 年第 4 期。

③ 段晓梅：《商标评审案件中类似商品或者服务判定的审理实践（上）》，载《中华商标》2015 年第 4 期。

类似服务，是指在服务的目的、内容、方式、对象等方面具有一定的共同性，如果使用相同、近似的商标，易使相关公众以为存在特定联系、使消费者误以为是同一企业提供的服务。① 类似服务的主要判定要素包括：第一，服务的目的是否相同或接近，是否可以相互替代。第二，服务的内容是否相近。第三，服务方式与服务场所是否相同。第四，服务的对象范围是否相同。第五，服务的提供者是否来自相同行业或者相同领域。

类似商品和服务，是指商品和服务之间存在特定联系，容易使相关公众混淆。商品与服务是否类似的主要判定要素包括：第一，商品与服务之间的密切联系程度。第二，商品与服务在用途上是否接近。第三，商品与服务的消费者是否相同。第四，商品与服务的营销渠道是否形同或接近。一般而言，如果服务的目的就是为特定商品提供销售、安装或维修，那么这种服务和这种特定商品基本上可以判定为类似商品和服务。

四、商品及服务名称填写

商标代理机构和商标代理人在帮助委托人申请商标注册时，必须正确选择商标使用的商品或服务所属类别，并明确商品和服务的名称。这是整个商标注册工作的重要内容之一。商标适用的

① 段晓梅：《商标评审案件中类似商品或者服务判定的审理实践（上）》，载《中华商标》2015 年第 4 期。

商品或服务名称决定了注册商标保护的范围。一份商标注册申请书上填报的商品或服务只能限定在一个类别之内。在《类似商品和服务区分表》中,每个类别有注释,并将商品或服务项目分为不同群组,提出商标注册申请时不能填写注释部分和群组名。例如,第 25 类:服装,鞋,帽。【注释】本类尤其不包括某些特殊用途的服装和鞋。群组如,2501 衣物,2502 婴儿纺织用品。在填写商标适用的商品或服务名称,一定要严格按照《类似商品和服务区分表》的表述,不能采用日常生活中约定俗成的商品或服务称谓。这样有助于加快商标注册进程,确保申请人及时获得商标专用权。[1] 如“家用电器”,因为它包括的范围过大,至少涉及商品分类表中五个类别的商品。第七类的洗衣机和家用电动碾磨机、第八类的电动刮胡刀、第九类的电视机、第十类的电动按摩器、第十一类的电冰箱都属于家用电器范畴。

① 参考《商标注册用商品和服务分类说明》,国家工商行政管理总局商标局官方网站,http://sbj.saic.gov.cn/sbsq/spfl/,2016 年 10 月 2 日登录。

第二节　商标相同与近似查询

一、商标相同与近似查询概述

商标相同或近似查询是指，在向国家商标局提起商标注册申请前，商标注册申请人或者受委托的商标代理人通过商标查询系统就拟申请商标与已注册商标是否相同或近似进行查询的行为。一个商标图样设计好之后，能否成功注册商标得通过商标查询来进行评估。尽管商标查询由于查询系统或查询经验的因素，可能存在失误，但是仍然能够提高申请商标注册的成功率。如果未经商标查询，直接将设计好的商标图样拿去申请注册商标，可能会导致申请商标与已注册商标相同或近似而无法获得注册。因此，商标查询的作用在于能够帮助商标申请人降低经营成本，并避免潜在的商标法律风险。

二、国家商标局查询系统

商标相同或近似查询必须借助查询系统才可以操作。目前商标查询系统主要包括两类：第一类是免费的查询系统，主要是国家商标局在线查询系统；第二类是付费的商用查询软件，例如小白兔商标查询软件。付费商标查询软件有按照一定的条件对商标信息进行较精确的分类，因此能够满足更高的查询要求。如果只是做普通的商标查询，对查询精度要求不高的话，商标局在线查询系统是较好的选择。

现行商标局查询系统是2014年《商标法》颁布之后启用的。商标局依照《商标法实施条例》调整了商标注册申请受理审查流程，主要形式审查流程包括：扫描、录入、划分图形要素、划分商标分卡、划分商品服务分类、财务付款、发放受理通知书。[①]“划分商标分卡”是一个重要环节，即将申请商标具体划分为汉字、拼音、英文，并依据《图形要素国际分类》确定含有图形商标的具体图形要素。例如，商标，可以建立汉字分卡“灵达”、拼音分卡“LINGDA”和图形分卡椭圆。“划分商标分卡”是实质审查的一个重要铺垫。经过形式审查（两个月左右）之后，申请商标才能够进入公开的商标数据库。这两个月就是所谓的商标查询盲期，即无法查询到还未进入商标数据库的商标申请信息。

国家工商行政管理总局商标局的官方网站“中国商标网”是唯一在线查询商标注册信息的网站（http://sbj.saic.gov.cn/）。点击“中国商标网”首页上第二行“商标查询”。出现如下界面。

---

① 张锐、李石编：《商标实务指南》，法律出版社2015年版，第28页。

再点击“我接受”，出现如下界面。

国家商标局在线查询系统分六个功能：第一个，商标近似查询。按照图形、文字等商标组成要素分别提供近似检索功能，用户可以自行检索在相同或类似商品上是否已有相同或近似的商标。第二个，商标综合查询。即按照商标号、商标、申请人名称等方式，查询某一商标的有关信息。第三个，商标状态查询。通过商标申请号或注册号查询有关商标在业务流程中的状态。第四个，商标公告查询。可以查询商标局发布的商标公告。第五个，错误信息反馈。用户可以向商标局反馈有关错误信息。第六个，商品/服务项目查询。即可以查询商品或服务类型、名称和编码。

三、商标相同与近似判断

我国《商标法》和《商标法实施条例》没有对相同商标和近似商

标作出界定。《解释》第九条从司法实践角度对商标相同和商标近似做了一个规定。[①] 我们认为，相同商标是指两个商标相比较，在文字、图形、字母、数字、三维标志、颜色组合和声音或者上述要素的组合上存在高度吻合性，在视觉上或听觉上无差别。近似商标是指两个商标相比较，在文字、图形、字母、数字、三维标志、颜色组合和声音或者上述要素组合后的整体结构存在相似性，易使消费者对商品或者服务的来源产生混淆。

《解释》第十条规定了商标相同或近似判定的三个原则：第一，以相关公众的一般注意力为标准。相关公众是指商品或服务的消费者或购买者。相关公众在购买商品或服务时，若施加一般注意力可能对商品或服务的来源产生混淆，则两个商标构成相同或近似。第二，既要对商标进行整体的比对，又要对商标主要部分进行比对，比对应当在比对对象隔离的状态下分别进行。相关公众在购买商品或服务时，一般不会关注每一个细节，常常凭借经验或广告留下的模糊印象购买商品或服务。因此如果侵权商标与被侵权商标在整体上相似或主要部分相似就可能会误导消费者。第三，判断商标是否近似，应当考虑请求保护注册商标的显著性和知名度。一个商标具有较强的显著性和较高的知名度，能够给相关公众留下深刻印象。相关公众在购买名牌产品时，会施加更多的注

---

① 《最高人民法院关于审理商标民事纠纷案件适用法律若干问题的解释》第九条　商标法第五十二条第(一)项规定的商标相同，是指被控侵权的商标与原告的注册商标相比较，二者在视觉上基本无差别。商标法第五十二条第(一)项规定的商标近似，是指被控侵权的商标与原告的注册商标相比较，其文字的字形、读音、含义或者图形的构图及颜色，或者其各要素组合后的整体结构相似，或者其立体形状、颜色组合近似，易使相关公众对商品的来源产生误认或者认为其来源与原告注册商标的商品有特定的联系。

意力，因此更不容易被误导。实践中，两个商标构成相同商标的情况比较少，大多数情况下构成近似商标。

第三节　普通商标注册申请代理

一、商标申请人

自然人、法人或者其他组织在生产经营活动中，对其商品或者服务需要取得商标专用权的，应当向商标局申请商标注册。两个以上的自然人、法人或者其他组织可以共同向商标局申请注册同一商标，共同享有和行使该商标专用权。外国人或者外国企业在中国申请商标注册的，应当按其所属国和中华人民共和国签订的协议或者共同参加的国际条约办理，或者按对等原则办理。

商标申请人类别主要有：第一，自然人，是指具有民事权利能力和民事行为能力的人，包括中国人、外国人和无国籍人。鉴于我国特殊国情，港澳台自然人参照外国人自然人办理。第二，法人，是指具有民事权利能力和民事行为能力，依法独立享有民事权利和承担民事义务的组织，包括中国法人和外国法人（港、澳、台法人参照办理）。第三，其他组织，是指依法成立，有一定的组织机构和财产，但又不具备法人资格的组织。《最高人民法院关于适用〈中华人民共和国民事诉讼法〉若干问题的意见》[1]规定了九种情形的其他组织，理论上这些其他组织都可以申请商标。

二、商标图样及说明

(一)商标图样

制作商标图样是商标注册申请流程中的重要环节。商标图样是商标局商标审查的重心，同时将影响商标注册成功后的商标使用范围。商标申请可以采取递交纸质材料，也可以选择网上申请。商标图样也包括纸质图样和电子图样。

1.纸质图样

商标图样应当清晰，便于粘贴，用光洁耐用的纸张印制或者用照片代替。纸质图样制作时图样的尺寸最好是小于 10cm×10cm，大于 5cm×5cm 的正方形，图样中的内容须为打印，且内容与图样

---

① 《最高人民法院关于适用〈中华人民共和国民事诉讼法〉若干问题的意见》规定，民事诉讼法第四十九条规定的其他组织是指合法成立、有一定的组织机构和财产，但又不具备法人资格的组织，包括：(1)依法登记领取营业执照的私营独资企业、合伙组织；(2)依法登记领取营业执照的合伙型联营企业；(3)依法登记领取我国营业执照的中外合作经营企业、外资企业；(4)经民政部门核准登记领取社会团体登记证的社会团体；(5)法人依法设立并领取营业执照的分支机构；(6)中国人民银行、各专业银行设在各地的分支机构；(7)中国人民保险公司设在各地的分支机构；(8)经核准登记领取营业执照的乡镇、街道、村办企业；(9)符合本条规定条件的其他组织。

的边沿应留一定的余地。不指定颜色的，应当提交黑白图样。如果是颜色商标或彩色商标，应当尽量从图样中能够体现出图样色彩的对比度，颜色相近的区域无法区分时，应配以文字说明。

2.电子图样

电子图样制作文件格式应为jpg，图形应清晰，图样文件大小应小于“200KB”，且图形像素介于“400×400－1500×1500”之间。如果通过扫描获得商标图样的，应按24位彩色、300dpi分辨率扫描，符合《商标法》及其实施条例规定的图形（图形清晰，大于5cm×5cm且小于10cm×10cm）。扫描后的图形与原图形的色彩深浅（或灰度）一致。

（二）商标说明

商标注册申请书要求对商标进行说明。商标说明长度应在180个字符以内。商标说明主要包括以下几种情况：第一，含有外文要素。申请商标含有外文文字的，应当在申请书中说明含义。第二，含有特殊字体。申请商标中含有中文、外文的非规范书写方式的，应当说明该文字的规范写法，并提供该写法的来源。第三，含有人物肖像图形。申请商标含有人物肖像，如是自己的，应当说明；如是他人的，应当说明已经获得相应授权；如是非真人肖像，应当说明是“卡通人物造型”。第四，含有颜色组合。申请商标含有颜色组合，应当说明色标和商标使用方式。第五，立体商标。以三维立体申请商标，应当说明商标的使用方式，并提交能够确定三维形状的图样，提交的商标图样应当至少包含三面视图。第六，声音商标。以声音标志申请商标注册的，应当在申请书中予以声明，提交符合要求的声音样本，对申请注册的声音商标进行描述，说明商标的使用方式。对声音商标进行描述，应当以五线谱或者简谱对申请用作商标的声音加以描述并附加文字说明；无法以五线谱或者简谱描述的，应当以文字加以描述；商标描述与声音样本应当一致。

三、商标注册申请材料提交

(一)商标注册申请材料

1.商标注册申请书

提交给商标局的商标注册申请书必须有申请人章戳或签字、商标代理机构章戳和代理人签字。商标局提供的商标注册申请书范本包括四页，第一页和第二页是正文；第三页是附页，填写其他共同申请人名称列表。第四页是填写说明。下面是商标注册申请书的正文两页。

商标注册申请

申请人名称(中文)：
(英文)：
申请人国籍/地区：
申请人地址(中文)：
(英文)：
邮政编码：
联系人：
电话：
代理机构名称：
外国申请人的国内接收人：
国内接收人地址：
邮政编码：
商标申请声明：□集体商标　□证明商标
□以三维标志申请商标注册
□以颜色组合申请商标注册
□以声音标志申请商标注册
□两个以上申请人共同申请注册同一商标
要求优先权声明：□基于第一次申请的优先权□基于展会的优先权□优先权证明文件后补
申请/展出国家/地区：
申请/展出日期：
申请号：

申请人章戳(签字)：　代理机构章戳：

代理人签字：

下框为商标图样粘贴处。图样应当不大于10cm×10cm，不小于5cm×5cm。以颜色组合或者着色图样申请商标注册的，应当提交着色图样并提交黑白稿1份；不指定颜色的，应当提交黑白图样。以三维标志申请商标注册的，应当提交能够确定三维形状的图样，提交的商标图样应当至少包含三面视图。以声音标志申请商标注册的，应当以五线谱或者简谱对申请用作商标的声音加以描述并附加文字说明；无法以五线谱或者简谱描述的，应当使用文字进行描述；商标描述与声音样本应当一致。

商标说明：

类别：
商品/服务项目：

类别：
商品/服务项目：

2.商标代理委托书

商标代理机构接受委托人授权委托办理商标注册申请，必须提交商标代理委托书。商标代理委托书是委托人单向授权，只需加盖委托人章戳或签字。

3.申请人主体资格证明材料

提交申请人主体资格证明材料注意事项如下：

第一，自然人须提交的证明材料。如个体工商户以《个体工商户营业执照》登记的字号名义申请商标或营业执照上登记的负责人名义申请商标，提交负责人的身份证和营业执照复印件（加盖章戳）；农村承包经营户以承包合同签约人的名义申请商标，提交签约人身份证和承包合同复印件（加盖章戳）；其他获准从事经营活动的自然人，以行政主管机关颁发的登记文件中登载的经营者名义申请商标，须提交经营者身份证和行政主管机关颁发的登记文件复印件（加盖章戳）。

第二，港、澳、台地区自然人或外国人须提交的证明材料。申请人如是港、澳、台同胞，应当提交通行证复印件。如是外国人自己办理商标注册申请，须提交护照及公安部门颁发《外国人永久居留证》或有效期一年以上的《外国人居留许可》或《外国人居留证》复印件（加盖章戳）；如委托商标代理机构办理，须提交身份证明和护照复印件及中文译本（加盖代理机构章戳）。

第三,国内法人或其他组织须提交的材料。应当提交营业执照、法人登记证、事业单位法人证书、社会团体法人证书、律师事务所执业证书、医疗机构执业许可证或其他有效证件的复印件(加盖章戳)。

第四,港澳台地区或外国的法人或其他组织。应当提交所属地区或国家的登记证件复印件,如是外文的,应当附上中文译本(加盖代理机构章戳)。

4.要求优先权声明

根据《商标法》第二十五条规定,商标注册申请人自其商标在外国第一次提出商标注册申请之日起6个月内,又在中国就相同商品以同一商标提出商标注册申请的,依照该外国同中国签订的协议或者共同参加的国际条约,或者按照相互承认优先权的原则,可以享有优先权;依照前款要求优先权的,应当在提出商标注册申请的时候提出书面声明,并且在3个月内提交第一次提出的商标注册申请文件的副本;未提出书面声明或者逾期未提交商标注册申请文件副本的,视为未要求优先权。根据《商标法》第二十六条规定,商标在中国政府主办的或者承认的国际展览会展出的商品上首次使用的,自该商品展出之日起6个月内,该商标的注册申请人可以享有优先权。依照前款要求优先权的,应当在提出商标注册申请的时候提出书面声明,并且在3个月内提交展出其商品的展览会名称、在展出商品上使用该商标的证据、展出日期等证明文件;未提出书面声明或者逾期未提交证明文件的,视为未要求优先权。

提交要求优先权声明注意事项:第一,申请人依据《商标法》第25条要求优先权的,选择"基于第一次申请的优先权",并填写"申请/展出国家、地区"、"申请号"栏。第二,申请人依据《商标法》第26条要求优先权的,选择"基于展会的优先权",并填写"申请/展出国家、地区"栏。第三,申请人应当提交优先权证明文件,即首次/基础注册申请文件的副本(须经该国官方证明)及中文翻译(加盖代理机构公章)或首次展会展出商品上使用该商标的证据和中文翻译(加盖代理机构公章)。第四,优先权证明文件不能同时提交的,应当选择"优先权证明文件后补",并自申请日起3月内提交。

(二)商标注册申请材料递交途径

商标注册申请材料递交途径有两个:第一,将商标注册申请材料直接送达或邮寄送达商标局或国家工商行政管理总局在全国各地设立的商标注册申请受理窗口。第二,通过网上申请系统提交商标注册申请材料。商标网上申请系统受理范围已经从商标代理机构扩展至商标代理机构、国内申请人、在中国有经常居所或营业场所的外国人或者外国企业;业务范围由仅接受商标注册申请逐步扩大至商标续展、转让、注销、变更等商标业务申请。在商标网上申请系统注册用户,审核通过后方可在线提交商标业务申请。商标网上申请系统进入界面如下:

四、商标注册申请补正与撤回

(一)商标注册申请补正

商标注册申请形式审查结束后，对于申请手续基本齐备或者申请文件基本符合规定，但是需要补正的，商标局发出《补正通知书》，限其自收到通知之日起30日内，按照指定内容补正并交回商标局。在规定期限内补正并交回商标局的，保留申请日期；期满未补正的，视为放弃申请，商标局书面通知申请人，发出《商标注册申请无效通知书》，申请日期不予保留。

申请手续基本齐备或者申请文件基本符合规定但需要补正的包括以下情况：第一，所填报的商品/服务项目名称不规范、不具体；第二，所填报的商品/服务名称不属于同一类别；第三，商标图样不清晰；第四，需要对商标图样中的文字做出说明。对《商标注册申请补正通知书》的答复，是申请人及代理人应当注意的一个非常重要的环节。如果处理不当，不仅会影响申请的审查进程，甚至可能导致申请无效。因此答复时要注意以下几点：①

第一，补正内容用打印机打印在《商标注册申请补正通知书》上的相应位置。

第二，需要删除商品或者服务项目的，应标注“同意删除”字样确认删除。

第三，补正后的商品或者服务项目应限制在要求补正的原商品或者服务项目的相应范围之内，不得另行任意改动、添加。

第四，修正后的商品或者服务项目应和修改前的商品或者服务项目分别一一对应，以利于审查工作的继续进行。

第五，补正内容较多，补正通知书上写不下的，可以直接添加附页（A4 纸），并在补正栏目内注明“有附页”或者“见附页”字样更为稳妥。

第六，交回空白补正通知书的，商标局将视为申请人或者代理人放弃该项目。

第七，代理机构章戳应统一位于补正内容的右下方，章戳不得覆盖补正内容。

第八，对补正内容有不同意见的，可以在相应位置说明。

---

① 本部分内容参照百度百科：《补正通知书》，http://baike.baidu.com/link? url=vryHT-MZqHBHE6XWh3h4RMe31oGopyJGVsZ9KmEzLGKvW8n8FZCmZFZAMPVHwpN4BT5Dh2e8sWbA0Fn-R6Kn4sa，2016 年 10 月 4 日登录。

（二）商标注册申请撤回

申请人在其申请注册的商标核准注册之前，可以向商标局提出撤回该商标的注册申请。办理撤回商标注册申请，应当提交下列材料：第一，撤回商标注册申请申请书；第二，申请人身份证明文件复印件；第三，委托商标代理机构办理的，应当提交商标代理委托书；第四，交回《商标注册申请受理通知书》原件。因污损、丢失原因未能交回的，应当在撤回商标注册申请申请书上注明。

撤回商标注册申请申请书

申请人名称（中文）：
（英文）：
申请人地址（中文）：
（英文）：
邮政编码：
联系人：
电话：
代理机构名称：
原商标申请号：
撤回理由：

申请人章戳（签字）：

代理机构章戳：

代理人签字：

第四节　特殊商标注册申请代理

一、集体商标注册申请代理

集体商标，是指以团体、协会或者其他组织名义注册，供该组织成员在商事活动中使用，以表明使用者在该组织中的成员资格的标志。集体商标不是个别企业的商标，而是多个企业或个人组成的某一组织成员共同拥有和使用的商标。集体商标由该组织的成员共同使用，不是该组织的成员不能使用，也不得转让。为适应集体商标“共有”和“共用”的特点，它的注册、使用及管理均应制订统一的规则，并将之公之于众，由集体成员在公众的监督下共同遵守。

集体商标需要提交的申请材料：

第一，商标注册申请书。集体商标注册申请书与普通商标注册申请书采用的书式是相同的。在商标种类选择上必须选择集体商标。

第二，商标代理委托书。委托商标代理机构办理集体商标注册申请，必须提交商标代理委托书。

第三，集体商标申请人主体资格证明文件及复印件，或者加盖申请人印章的有效复印件。集体商标注册申请人，应当是某一组织，可以是工业或商业的团体，也可以是协会、行业或其他集体组织。例如，2015 年注册成功的“建瓯笋干”地理标志集体商标就是由“福建省建瓯市笋业公会”注册的。

第四，集体商标使用管理规则。集体商标使用管理规则主要包括：集体商标使用管理总则、集体商标的使用条件和手续、集体商标成员的权利和义务、集体商标的管理与保护等内容。

第五，集体成员名单。集体商标注册申请必须提交集体成员名单，这是与证明商标不同的地方。

第六，如申请注册的集体商标是人物肖像，应附送经过公证的肖像权人同意将此肖像作为商标注册的声明文件。

二、证明商标注册申请代理

证明商标，是指由对某种商品或者服务具有监督能力的组织所控制，而由该组织以外的单位或者个人使用于其商品或者服务，用以证明该商品或者服务的原产地、原料、制造方法、质量或者其他特定品质的标志。证明商标应由某个具有监督能力的组织注册，由其以外的其他人使用，注册人不能使用。它是用以证明商品或服务本身出自某原产地，或具有某种特定品质的标志。只要当事人提供的商品或服务符合这一特定的品质并与注册人履行规定的手续，就可以使用该证明商标，注册人不得拒绝。证明商标需要提交的申请材料：

第一，商标注册申请书。证明商标注册申请书与普通商标注册申请书采用的书式是相同的。在商标种类选择上必须选择证明商标。

第二，商标代理委托书。委托商标代理机构办理证明商标注册申请，必须提交商标代理委托书。

第三，证明商标申请人主体资格证明文件及复印件，或者加盖申请人印章的有效复印件。应当详细说明其所具有的或者其委托的机构具有的专业技术人员、专业检测设备等情况，以表明其具有监督该证明商标所证明的特定商品品质的能力。

第四，证明商标使用管理规则。证明商标使用管理规则主要包括：证明商标使用管理总则、证明商标的使用条件、证明商标的使用申请程序、证明商标被许可使用者的权利和义务、证明商标的管理、证明商标的保护。

第五，如申请注册的证明商标是人物肖像，应附送经过公证的肖像权人同意将此肖像作为商标注册的声明。

三、地理标志商标注册申请代理

地理标志，是指标示某商品来源于某地区，该商品的特定质量、信誉或者其他特征，主要由该地区的自然因素或者人文因素所决定的标志。作为集体商标、证明商标申请注册的地理标志，可以是该地理标志标示地区的名称，也可以是能够标示某商品来源于该地区的其他可视性标志。地理标志表示地区无须与该地区的现行行政区划名称、范围完全一致。地理标志，可以依照《商标法》和《商标法实施条例》的规定，作为集体商标或者证明商标申请注册。地理标志商标注册申请除提交上述集体商标或证明商标所需材料外，还应当提交下列材料：

第一，地理标志所标示地区的人民政府或者行业主管部门授权申请人申请注册并监督管理该地理标志的文件。

第二，有关该地理标志产品客观存在及信誉情况的证明材料（包括县志、农业志、产品志等），并加盖出具证明材料部门的公章。

第三，地理标志所标示的地域范围划分的相关文件、材料。相关文件包括：县志、农业志、产品志等表述的地域范围，或者是县级以上人民政府或行业主管部门出具的地域范围证明文件。

第四，地理标志产品的特定质量、信誉或者其他特征受特定地域环境或人文因素决定的说明。

第五，地理标志申请人具备监督检测该地理标志能力的证明材料。申请人具备检测检验能力的，需要提交检验设备清单及检验人员名单，并加盖申请人的公章。申请人委托他人检验检测的，应当附送申请人与具有检验检测资格的机构签署的委托检验检测合同原件，并提交该检验检测机构法人证书、检测资格证书的复印件及检验设备清单、检验人员名单，并加盖其公章。

第三章

商标驳回复审代理

第一节　商标驳回

一、商标驳回概述

商标局对受理的商标注册申请，依照商标法及本条例的有关规定进行审查，对符合规定或者在部分指定商品上使用商标的注册申请符合规定的，予以初步审定，并予以公告；对不符合规定或者在部分指定商品上使用商标的注册申请不符合规定的，予以驳回或者驳回在部分指定商品上使用商标的注册申请，书面通知申请人并说明理由。商标局书面通知商标注册申请人商标驳回的官方文件是"商标驳回通知书"。商标驳回通知书分为全部驳回通知书和部分驳回通知书。商标驳回通知书右上角标注了商标局发文编号，同时在通知时最后一段会告知商标申请人的救济途径和时间。

二、商标驳回的绝对理由

商标局驳回商标注册申请的绝对理由是指违反了《商标法》有关商标禁用或禁止注册的规定。[①]

(一)商标禁用理由

《商标法》第十条规定,下列标志不得作为商标使用:

1.同中华人民共和国的国家名称、国旗、国徽、国歌、军旗、军徽、军歌、勋章等相同或者近似的,以及同中央国家机关的名称、标志、所在地特定地点的名称或者标志性建筑物的名称、图形相同的

(1)同我国的国家名称相同或者近似的

第一,商标的文字、字母构成与我国国家名称相同的,判定为与我国国家名称相同。

例如:

China / 中国 CHINA

第二,商标的含义、读音或者外观与我国国家名称近似,容易使公众误认为我国国家名称的,判定为与我国国家名称近似,但不

① 绝对理由和相对理由的举例和说明来自国家工商行政管理总局商标局、国家工商行政管理总局商标评审委员会2005年12月31日发布的《商标审查标准》。

会使公众误认的除外。

例如：

ZHONGGUO 指定使用商品：服装

CRINA 指定使用商品：香料和植物性香料(精油)

第三，商标含有与我国国家名称相同或者近似的文字，判定为与我国国家名称近似。例如：

中华电力 CLP Power 指定使用服务：广告

中国星 指定使用商品：纸、印刷品

如果申请注册商标同我国的国家名称相同或者近似，但有下列情形之一的可以例外：

第一，描述的是客观存在的事物，不会使公众误认的。例如：

指定使用服务：酒吧

第二，商标含有与我国国家名称相同或近似的文字，但其整体是报纸、期刊名称或者依法登记的企、事业单位名称的。

例如：

中國消费者報 ZHONGGUO XIAOFEIZHE BAO 指定使用商品：报纸

第三，我国申请人商标所含我国国名与其他具备显著特征的标志相互独立，国名仅起表示申请人所属国作用的。外国申请人，应当判定为容易使公众发生误认而具有不良影响，适用《商标法》第十条第一款第（八）项的规定予以驳回。

例如：

中 长城 国（中国申请人）

TISSUE WORLD CHINA 申请人：（比利时）PAPERLOOP S.P.R.L.

（2）同我国的国旗、国徽相同或者近似的

第一，商标的文字、图形或者其组合与我国国旗（五星红旗）、国徽的名称或者图案相同或者近似，足以使公众将其与我国国旗、国徽相联系的，判定为与我国国旗、国徽相同或者近似。

例如：

五★红旗 

第二，商标含有“五星”、“红旗”字样或者“五星图案”、“红旗图案”，但不会使公众将其与国旗相联系的，不判为与我国国旗、国徽相同或者近似。

例如：

红旗 指定使用商品：肥料

(3)同我国的军旗、勋章相同或者近似的

第一，商标的文字、图形或者其组合与我国军旗的名称或者图案相同或近似，足以使公众将其与军旗相联系的，判定为与我国军旗相同或者近似。

例如：

商标含有“军旗”字样，但在发音、含义或者外观上明显有别于军旗，从而不会造成公众误认的除外。

例如：

指定使用商品：钱包、衣箱

第二，商标的文字、图形或者其组合与我国勋章的名称、图案相同或者近似，足以使公众将其与特定勋章相联系的，判定为与我国勋章相同或者近似。

例如：

(八一勋章)

(4)同中央国家机关所在地特定地点的名称或者标志性建筑物的名称、图形相同的

例如：

2.同外国的国家名称、国旗、国徽、军旗等相同或者近似的，但经该国政府同意的除外

（1）商标与外国国家名称相同或者近似的

商标的文字构成与外国国家名称相同的，判定为与外国国家名称相同；商标的文字与外国国家名称近似或者含有与外国国家名称相同或者近似的文字的，判定为与外国国家名称近似。

例如：

（“FRANCE”译为“法国”）指定使用商品：旅行袋

指定使用商品：油漆

例外情形包括：

第一，经外国政府同意的，适用本规定。申请人应当提交经该国政府同意的书面证明文件，申请人就该商标在该国已经获得注册的，视为该国政府同意。

第二，具有明确的其他含义且不会造成公众误认的。

例如：

指定使用商品：服装

（TURKEY与土耳其国名相同，但英文含义为“火鸡”）

第三，商标同外国国名的旧称相同或者近似的。

例如：

花旗（美国旧称）指定使用商品：服装

但容易使公众发生商品产地误认的，判定为具有不良影响，适用《商标法》第十条第一款第（八）项的规定予以驳回。

例如：

暹罗（泰国旧称）指定使用商品：大米

（泰国香米世界闻名，因此容易使公众发生商品产地误认）

第四，商标的文字由容易使公众认为是两个或者两个以上中文国名简称组合而成，不会使公众发生商品产地误认的。

例如：

中泰 指定使用商品：铁锤

（中国和泰国的中文简称的组合）

但容易使公众发生商品产地误认的，判定为具有不良影响，适用《商标法》第十条第一款第（八）项的规定予以驳回。

例如：

中法 ZHONG FA 指定使用商品：葡萄酒

（法国是世界闻名的葡萄酒产地）

第五，商标含有与外国国家名称相同或近似的文字，但其整体是企业名称且与申请人名义一致的。

例如：

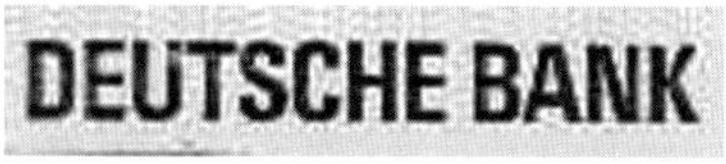

（英文译为“德意志银行”）

申请人：德意志银行 指定使用服务：金融服务

第六，商标所含国名与其他具备显著特征的标志相互独立，国名仅起真实表示申请人所属国作用的。

例如：

（“ITALIANO”译为“意大利”）

申请人：（意大利）CIELO E TERRA S.P.A.

（2）商标与外国国旗、国徽、军旗的名称或者图案相同或者近似的

商标的文字、图形或者其组合与外国国旗、国徽、军旗的名称或者图案相同或者近似，足以使公众将其与外国国旗、国徽相联系的，判定为与外国国旗、国徽相同或者近似，适用本规定。但经该国政府同意的除外，申请人应当提交经该国政府同意的书面证明文件。申请人就该商标在该外国已经获得注册的，视为该外国政府同意。

例如：

与意大利国旗近似

3.同政府间国际组织的名称、旗帜、徽标等相同或者近似的，但经该组织同意或者不易误导公众的除外

商标的文字构成、图形外观或者其组合足以使公众将其与政府间国际组织的名称、旗帜、徽标相联系的，判定为与政府间国际组织的名称、旗帜、徽标相同或者近似。

例如：（“UN”为联合国的英文缩写）

但有下列情形之一的除外：第一，经该政府间国际组织同意的，适用本条规定，申请人应当提交相关证明文件。第二，具有明确的其他含义或者特定的表现形式，不易误导公众的除外。

例如：指定使用商品：比重计

（“UN”与联合国英文缩写字母构成相同，但整体表现形式特殊）

4.与表明实施控制、予以保证的官方标志、检验印记相同或者近似的，但经授权的除外

商标的文字、图形或者其组合足以使公众将其与表明实施控制、予以保证的官方标志、检验印记相联系的，判定为与该官方标志、检验印记相同或者近似。

例如：

CCC中标指定使用商品：照明器械及装置

（与中国强制性产品认证标志相似）

但有下列情形之一的除外：第一，经该官方机构授权的，适用本条规定，申请人应当提交经授权的书面证明文件。第二，具有明确的其他含义或者特定的表现形式，从而不会误导公众的。

例如：

指定使用商品：手机用电池、手机用充电器

（与中国强制性产品认证标志相似，但具有特定的表现形式）

5.同“红十字”、“红新月”的名称、标志相同或者近似的

（1）商标的文字构成、图形外观或者其组合与“红十字”、“红新月”的名称、图案在视觉上基本无差别的，判定为与该名称、标志相同

例如：

Red Cross（“Red Cross”译为“红十字”）

red crescent（“redcresent”译为“红新月”）

（2）商标的文字构成、图形外观足以使公众将其误认为“红十字”、“红新月”的名称、图案的，判定为同“红十字”、“红新月”的名称、标志近似

例如：指定使用商品：医用药物

但具有明确的其他含义或者特定的表现形式，不会误导公众的除外。

例如：指定使用商品：印刷油墨、颜料

6.带有民族歧视的

民族歧视性，是指商标的文字、图形或者其他构成要素带有对特定民族进行丑化、贬低或者其他不平等看待的内容。民族歧视性的判定应综合考虑商标的构成及其指定使用商品、服务。

(1)商标的文字构成与民族名称相同或者近似，并丑化或者贬低特定民族的，判定为带有民族歧视。

例如：

指定使用商品：卫生洁具

但有明确的其他含义或者不会产生民族歧视性的除外。

例如：

指定使用商品：婴儿全套衣

(2)商标带有种族歧视性的，判定为具有不良影响，适用《商标法》第十条第一款第(八)项的规定予以驳回。

7.带有欺骗性，容易使公众对商品的质量等特点或者产地产生误认的

夸大宣传并带有欺骗性，是指商标对其指定使用商品或者服务的质量等特点作了超过固有程度的表示，容易使公众对商品或者服务的质量等特点产生错误的认识。商标的文字或者图形对其指定商品或者服务的质量等特点作了夸大表示，从而欺骗公众的，判定为夸大宣传并带有欺骗性。

例如：

指定使用商品：矿泉水

但未作夸大宣传，不会误导公众的除外。

例如：

指定使用商品：失眠用催眠床垫

8.有害于社会主义道德风尚或者有其他不良影响的

社会主义道德风尚，是指我国人民共同生活及其行为的准则、

规范以及在一定时期内社会上流行的良好风气和习惯；其他不良影响，是指商标的文字、图形或者其他构成要素对我国政治、经济、文化、宗教、民族等社会公共利益和公共秩序产生消极的、负面的影响。有害于社会主义道德风尚或者具有其他不良影响的判定应考虑社会背景、政治背景、历史背景、文化传统、民族风俗、宗教政策等因素，同时考虑商标的构成及其指定使用的商品和服务。

(1)有害于社会主义道德风尚的

例如：

(2)具有政治上不良影响的

第一，与国家、地区或者政治性国际组织领导人姓名相同或近似的。

例如：

(普京为俄罗斯现任总统)

第二，有损国家主权、尊严和形象的。

例如：

(殖民主义者对我国台湾的称谓)

第三，由具有政治意义的数字等构成的。

例如：

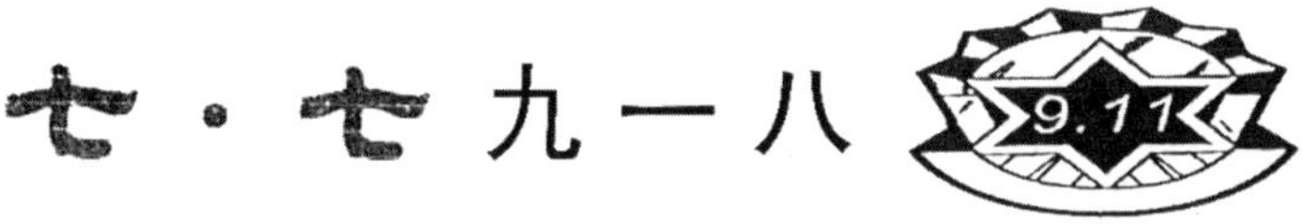

第四，与恐怖主义组织、邪教组织、黑社会名称或者其领导人物姓名相同或近似的。

例如：

(3)有损种族尊严或者感情的

例如：

(4)有损宗教信仰、宗教感情或者民间信仰的

宗教包括佛教、道教、伊斯兰教、基督教、天主教，以及上述宗教的不同教派分支；本标准中的民间信仰主要指妈祖等民间信仰。商标有下列情形之一的，判定为有损宗教信仰、宗教感情或者民间信仰。

第一，宗教或者民间信仰的偶像名称、图形或者其组合。

例如：

(佛教偶像)

(道教偶像)

妈祖 MA ZU（民间信仰）

第二，宗教活动地点、场所的名称、图形或者其组合。

例如：

美联 Mecca（MECCA 的含义为宗教圣地“麦加”）

第三，宗教的教派、经书、用语、仪式、习俗以及宗教人士的称谓、形象。

例如：全真 QUAN ZHEN（全真教为道教的一个教派）

不判为有损宗教信仰、宗教感情或者民间信仰的例外情形：

第一，根据国务院1994年第145号令规定，宗教组织或者团体可以兴办自养企业，在不损害其他宗教活动场所利益的前提下，宗教组织和经其授权的宗教企业以专属于自己的宗教活动场所的名称作为商标申请注册的。

例如：

少林寺（申请人：中国嵩山少林寺）

第二，商标的文字或者图形虽然与宗教或者民间信仰有关，但具有其他含义或者其与宗教有关联的含义已经泛化，不会使公众将其与特定宗教或者民间信仰相联系的。

例如：

（太极图为道教标志之一，但已泛化）

(5)与我国各党派、政府机构、社会团体等单位或者组织的名称、标志相同或者近似的

例如：

（与我国海关关徽近似）

(6)与我国党政机关的职务或者军队的行政职务和军衔的名称相同的

商标的文字与我国党政机关的职务或者军队的行政职务和军衔名称相同的，判定为容易产生不良影响。

例如：

但含有与我国党政机关的职务或者军队的行政职务和军衔名称相同或者近似的文字，但具有其他含义不会误导公众的除外。

例如：

(7)与各国法定货币的图案、名称或者标记相同或者近似的

例如：PREÇO CERTO €（欧元符号）

(8)容易误导公众的。

第一，容易使公众对商品或者服务的质量等特点产生误认的。

例如：

C S F 씨 스 피（指定使用商品：家具）

消费者满意的好家具

第二，公众熟知的书籍的名称，指定使用在书籍商品。

例如：西游记

第三，公众熟知的游戏名称，指定使用在游戏机或者电子游戏程序的载体等商品及相关服务。

例如：

俄罗斯方块（指定使用商品：视频游戏的图像及声音软件）

第四，公众熟知的电影、电视节目、广播节目、歌曲的名称，指定使用在影视、音像载体的电影片、电视片、唱片、光盘（音像）、磁带等商品及相关服务。

例如：

同一首歌（指定使用商品：唱片）

(9)商标由企业名称构成或者包含企业名称,该名称与申请人名义存在实质性差异,容易使公众发生商品或者服务来源误认的。

例如:

指定使用服务:学校(教育)

(申请人:北京中预维他科技有限公司)

(10)具有其他不良影响的

例如:

9.县级以上行政区划的地名或者公众知晓的外国地名，不得作为商标。但是，地名具有其他含义或者作为集体商标、证明商标组成部分的除外；已经注册的使用地名的商标继续有效

(1)含有县级以上行政区划地名的商标的审查。

商标由县级以上行政区划的地名构成,或者含有县级以上行政区划的地名,判定为与我国县级以上行政区划的地名相同。

例如:

但有下列情形之一的除外:

第一,地名具有其他含义且该含义强于地名含义的。

例如：

第二，商标由地名和其他文字构成而在整体上具有显著特征，不会使公众发生商品产地误认的。

例如：

指定使用商品：白酒

第三，申请人名称含有地名，申请人以其全称作为商标申请注册的。

例如：

指定使用服务：餐馆、旅馆

（申请人：北京饭店）

第四，商标由两个或者两个以上行政区划的地名的简称组成，不会使公众发生商品产地等特点误认的。

例如：

指定使用商品：肥料

但容易使消费者对其指定商品的产地或者服务内容等特点发生误认的，判定为具有不良影响，适用《商标法》第十条第一款第（八）项的规定予以驳回。

例如：

青藏
QTIT 指定使用服务：观光旅游

第五，商标由省、自治区、直辖市、省会城市、计划单列市、著名的旅游城市以外的地名的拼音形式构成，且不会使公众发生商品产地误认的。

例如：

指定使用商品：传动装置（机器）

（TAI XING 与江苏省泰兴市的拼音相同）

第六，地名作为集体商标、证明商标组成部分的。

（2）含有公众知晓外国地名的商标的审查。

商标由公众知晓的外国地名构成，或者含有公众知晓的外国地名的，判定为与公众知晓的外国地名相同。

例如：

加州红 指定使用商品：啤酒、矿泉水

（与美国加利福尼亚州的简称“加州”相同）

但商标由公众知晓的外国地名和其他文字构成，整体具有其他含义且使用在其指定商品上不会使公众发生商品产地误认的除外。

例如：

LONDON FOG 指定使用商品：公文包、伞

（伦敦雾为一种自然现象）

（3）商标文字构成与我国县级以上行政区划的地名或者公众知晓的外国地名不同，但字形、读音近似足以使公众误认为该地名，从而发生商品产地误认的，判定为具有不良影响，适用《商标法》第十条第一款第（八）项的规定予以驳回。

例如：

宁夏 指定使用商品：酒（饮料）

（4）商标由本条以外的公众熟知的我国地名构成或者含有此类地名，使用在其指定的商品上，容易使公众发生商品产地误认的，判定为具有不良影响，适用《商标法》第十条第一款第（八）项的规定予以驳回。

例如：

嫩 NEN JIANG 江 指定使用商品：大米、玉米（磨过的）

但指定使用商品与其指示的地点或者地域没有特定联系，不会使公众发生商品产地误认的除外。

例如：

北戴河长胜 BEI DAI HE CHANG SHENG 指定使用商品：摩托车、自行车、游艇

（5）商标所含地名与其他具备显著特征的标志相互独立，地名

仅起真实表示申请人所在地作用的，不适用《商标法》第十条第二款规定。

例如：

申请人：凤凰股份有限公司

地址：上海市浦东新区塘南路 20 号

（二）商标禁注理由

根据《商标法》第十一条规定，下列标志不得作为商标注册：

1.仅有本商品的通用名称、图形、型号的

（1）仅有指定使用商品的通用名称的。

例如：

高麗白 GAO LI BAI 指定使用商品：人参

（2）仅有指定使用商品的通用图形的。

例如：

指定使用商品：水果

（3）仅有指定使用商品的通用型号的。

例如：

ZKT指定使用商品：空调机

（ZK：组合式空调机级代号 T：通用机组代号）

2.仅直接表示商品的质量、主要原料、功能、用途、重量、数量及其他特点的

（1）仅仅直接表示指定使用商品的质量。

例如：

好香指定使用商品：米

（2）仅仅直接表示指定使用商品的主要原料。

例如：

彩棉指定使用商品：服装

（3）仅仅直接表示指定使用商品的功能、用途。

例如：

SAFETY指定使用商品：漏电保护器

（“SAFETY”的含义为“安全、保险”）

（4）仅仅直接表示指定使用商品的重量、数量。

例如：

50支指定使用商品：香烟

(5)仅仅直接表示指定使用商品的其他特点。

第一,仅仅直接表示指定使用商品的特定消费对象的。

例如:

醫 生指定使用商品:医疗手术用手套

第二,仅仅直接表示指定使用商品的价格的。

例如:

百元店指定使用服务:推销(替他人)

第三,仅仅直接表示指定使用商品的内容的。

例如:

法律之星指定使用商品:光盘、计算机软件

(光盘和计算机软件内容为法律类)

第四,仅仅直接表示指定使用商品风格或者风味的。

例如:

中式指定使用商品:家具

第五,仅仅直接表示指定使用商品的使用方式、方法的。

例如:

冲泡指定使用商品:方便面

第六,仅仅直接表示指定使用商品的生产工艺的。

例如:

湘绣指定使用商品：服装
XIANGXIU

第七，仅仅直接表示指定使用商品生产地点、时间、年份的。

例如：

AMERICAN NATIVE指定使用商品：香烟

（译为“美国本土、土产”）

第八，仅仅直接表示指定使用商品的形态的。

例如：

SOLID指定使用商品：硅酸盐、工业用胶

（译为“固体的”）

第九，仅仅直接表示指定使用商品的有效期限、保质期或者服务时间的。

例如：

全天指定使用服务：无线电广播、有线电视

第十，仅仅直接表示商品的销售场所或者地域范围的。

例如：

大食堂指定使用商品：餐馆
DASHITANG

第十一，仅仅直接表示商品的技术特点的。

例如：

蓝 牙指定使用商品：电话机

(6)商标表示了其指定使用商品质量、主要原料、功能、用途、重量、数量及其他特点，如果指定使用商品具备该特点的，适用《商标法》第十一条第一款第(二)项的规定；如果指定使用商品不具备这些特点，从而可能误导公众的，适用《商标法》第十条第一款第(八)项的规定。对此种情形，应同时适用上述两条款予以驳回。

例如：

山 楂指定使用商品：非医用营养粉、调味品

3.其他缺乏显著特征的

其他缺乏显著特征的标志，是指《商标法》第十一条第一款第(一)、(二)项以外的依照社会通常观念其本身或者作为商标使用在指定使用商品上不具备表示商品来源作用的标志。

(1)过于简单的线条、普通几何图形

例如：

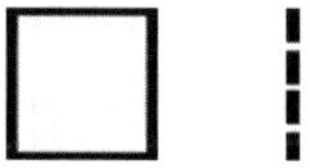

但上述线条、几何图形与文字或者其他要素组合而整体具有显著特征的除外。例如：

指定使用商品：鞋

(2)过于复杂的文字、图形、数字、字母或上述要素的组合。

例如：

指定使用商品：糖果

(3)一个或者两个普通表现形式的字母。

例如：

指定使用商品：服装

但非普通字体或者与其他要素组合而整体具有显著特征的除外。

例如：

指定使用商品：缝纫机油

(4)普通形式的阿拉伯数字指定使用于习惯以数字做型号或货号的商品上。

例如：

指定使用商品：口红

但非普通表现形式或者与其他要素组合而整体具有显著特征，或者指定使用于不以数字做型号或者货号的商品上的除外。

例如：

指定使用商品：动物饲养设备

(5)指定使用商品的常用包装、容器或者装饰性图案

例如：

指定使用商品：酒

但与其他要素组合而整体具有显著特征的除外。

例如：

指定使用商品：矿泉水

(6)单一颜色。

例如：

(7)非独创的表示商品或者服务特点的短语或者句子

例如：

一旦拥有，别无所求指定使用商品：箱、包

(对使用对象进行引导)

但独创且非流行或者与其他要素组合而整体具有显著特征的除外。

例如：

世纪行 一旦拥有 全程无忧 指定使用服务：保险

(8)本行业或者相关行业常用的贸易场所名称。

例如：

衣店指定使用服务：服装

但与其他要素组合而整体具有显著特征的除外。

例如：

指定使用商品：金属地板、五金器具

(9)本行业或者相关行业通用的商贸用语或者标志

例如：

网购指定使用商品：电脑软件

但与其他要素组合而整体具有显著特征的除外。

例如：

卓越网购指定使用服务：推销(替他人)

(10)企业的组织形式、本行业名称或者简称。

例如：

重 工指定使用商品：起重运输机械

(“重工”是本行业对重型工业的简称)

但带有其他构成要素而整体具有显著特征的除外。

例如：

北方重工　指定使用商品：挖掘机

三、商标驳回的相对理由

商标局驳回商标注册申请的相对理由是与他人在先权利存在冲突。两个或者两个以上的商标注册申请人，在同一种商品或者类似商品上，以相同或者近似的商标申请注册的，初步审定并公告申请在先的商标；同一天申请的，初步审定并公告使用在先的商标，驳回其他人的申请，不予公告。申请商标注册不得损害他人现有的在先权利，也不得以不正当手段抢先注册他人已经使用并有一定影响的商标。例如：侵犯名人姓名权，姚日月 YAORIYUE；复制、模仿或翻译他人驰名商标，舒福佳；擅自注册被代理人或被代表人商标，ABRO（一家代理商擅自注册被代理商美国爱宝工业公司的商标）。

四、商标驳回的应对措施

商标申请人应对商标局的商标驳回申请主要有两种措施:第一,分割申请。根据《商标法实施条例》第二十二条规定,商标局对一件商标注册申请在部分指定商品上予以驳回的,申请人可以将该申请中初步审定的部分申请分割成另一件申请,分割后的申请保留原申请的申请日期。需要分割的,申请人应当自收到商标局《商标注册申请部分驳回通知书》之日起15日内,向商标局提出分割申请。商标局收到分割申请后,应当将原申请分割为两件,对分割出来的初步审定申请生成新的申请号,并予以公告。第二,申请商标驳回复审。不论是全部驳回还是部分驳回,商标申请人都可以向商标评审委员会申请商标驳回复审。

第二节　商标驳回复审代理

一、商标驳回复审概述

商标驳回复审,是指商标申请人对商标局驳回商标注册申请的驳回理由和法律依据不服,向商标评审委员会申请对商标注册申请进行重新审理的法律行为。《商标法》第三十四条规定,"对驳回申请、不予公告的商标，商标局应当书面通知商标注册申请人。商标注册申请人不服的，可以自收到通知之日起15日内向商标评审委员会申请复审，商标评审委员会应当自收到申请之日起9个月内做出决定，并书面通知申请人。有特殊情况需要延长的，经国务院工商行政管理部门批准，可以延长3个月。”商标评审委员会审理不服商标局驳回商标注册申请决定的复审案件，应当针对商标局的驳回决定和申请人申请复审的事实、理由、请求及评审时的事实状态进行审理。

商标驳回复审的作用在于可以对商标局商标注册申请审查过程进行监督。尽管商标局在审查商标注册申请时严格依照法律设定的审查程序和标准，但商标注册申请审查的具体工作是通过各个审查员来完成的。由于不同的审查员在专业范围、知识面、理解层面、社会阅历及工作经验等方面存在差异，审查工作必然会受到主客观方面的多重因素影响，不同的审查员在审查相同类型的商标注册申请时可能会得出截然不同的结果。商标审查质量直接影响到商标申请人能否成功注册商标，为加强商标审查质量，保障商标申请人的利益，《商标法》规定了商标驳回复审程序。

二、商标驳回复审申请材料

商标代理机构接受商标申请人委托后，应当分析商标驳回通知书上的驳回理由，把握好商标驳回复审申请的期间要求，认真准备商标驳回复审申请材料。商标代理机构应当向商标评审委员会提交如下商标驳回复审申请材料：

第一，商标驳回复审申请书，包括首页和正文。

第二，商标代理委托书。商标驳回复审申请人和商标代理机构都必须签章。

第三，商标驳回复审申请人主体资格证明文件。

第四，商标局驳回通知书及其附件（原件）。

第五，商标驳回复审申请证据目录及证据材料。

商标驳回复审申请人需要在商标驳回复审申请后补充有关证据材料的，应当在商标驳回复审申请书中声明，并自提起商标驳回复审申请之日起3个月内提交；期满未提交的，视为放弃补充有关证据材料。如果商标驳回复审申请人未能在期满前提交有正当理由的，或者有关证据材料是在期满之后生成、并在期满之后提交的，商标评审委员会将证据提交被申请人并质证后可以采信。

驳回商标注册申请复审申请书

（首页）

申请商标：

类别：

申请号/国际注册号：

商标局发文号：

申请人名称：

通信地址：

邮政编码：

联系人：

联系电话(含区号)：

商标代理机构名称：

联系人：

联系电话(含区号)：

是否需要提交补充证据材料：是□；否□

申请人章戳(签字)：

年　　月　　日

商标代理机构章戳

代理人签字：

年　　月　　日

驳回商标注册申请复审申请书

（正文样式）

申请人名称：

通信地址：

法定代表人或负责人姓名：

职务：

商标代理机构名称：

地址：

评审请求与法律依据：

事实与理由：

附件：

申请人章戳（签字）： 商标代理机构章戳

代理人签字：

年 月 日 年 月 日

三、商标驳回复审证据材料

商标申请人向商标评审委员会提出商标驳回复审申请，应当提交相应的证据材料。根据《商标评审规则》的规定，证据形式包括书证、物证、视听资料、电子证据、证人证言、当事人的陈述、鉴定意见等。商标代理机构应当根据商标申请人提供的证据，并积极搜索相关证据，充分准备好商标驳回复审证据材料。商标代理机构应当将提交的证据材料逐一分类编号并制作目录清单，对证据材料的来源、证明的具体事实作简要说明，并签名盖章。商标驳回复审证据材料应当尽可能证明申请注册的商标没有违反法律禁止注册的情形，没有侵犯他人在先权利，同时在实际使用过程中，能够使相关公众区分商品或服务的来源、申请注册的商标具有很强的显著性等。

证据材料一般包括：

第一，商标设计来源。主要证明商标是商标申请人自己设计或委托他人设计的，享有合法权利。

第二，商标使用情况。主要证明商标申请人已经在使用申请的商标，已经具备一定的知名度。

第三，企业简介。说明企业基本情况，企业提供的产品或服务与申请商标之间的关系。

第四，企业所获得的各项荣誉

第五，企业最近三年销售、广告费用及相关财务情况

第六，企业媒体报道或图片广告原件及复印件

第七，企业销售产品外观原件及复印件

第八，其他可以证明企业产品和知名度证据和材料

第九，最早使用此商标的证明材料

◆案例二◆

关于第18154550号“Carmia”商标驳回复审决定书①

商评字[2017]第0000057429号

申请人：广州龙侯贸易有限公司

委托代理人：北京一诺顺捷国际知识产权代理有限公司

申请人因第18154550号“Carmia”商标(以下称申请商标)不服商标局的驳回决定，向我委申请复审。

申请人的主要理由：申请商标与商标局驳回引证的第5966793号“CALMIA”商标(以下称引证商标)差异明显，不构成近似商标。请求对申请商标予以核准注册。

我委认为，申请商标指定使用的“货物展出；广告；通过邮购定单进行的广告宣传；计算机网络上的在线广告；价格比较服务；投标报价；替他人推销；替他人采购(替其他企业购买商品或服务)；市场营销”服务与引证商标核定使用的“广告；货物展出”等服务属于同一种或类似服务。申请商标与引证商标字母组合相近，若共

① 参见国家工商行政管理总局商标评审委员会《关于第18154550号“Carmia”商标驳回复审决定书》，http://www.saic.gov.cn:9080/spw/psws/201707/t20170717_267662.html，2017年6月30日登录。

存于市场，使用在类似服务上，易造成消费者的混淆和误认，已构成使用在同一种或类似服务上的近似商标。

依照《中华人民共和国商标法》第三十条和第三十四条的规定，我委决定如下：

申请商标在复审服务上的注册申请予以驳回。

申请人对本决定不服，可以自收到本决定书之日起三十日内向北京知识产权法院起诉，并在向人民法院递交起诉状的同时或者至迟十五日内将该起诉状副本抄送或者另行书面告知我委。

合议组成员：康陆军

赵虹娟

庞　敏

第四章

商标异议与商标不予注册复审代理

第一节　商标异议代理

一、商标异议概述

商标异议是指在先权利人、利害关系人、社会公众根据《商标法》第三十三条规定，对初步审定公告的申请注册商标，在公告之日起3个月内向商标局提出该申请注册商标不应当给予注册的反对意见。

商标局对申请注册商标进行的实质审查受到三个方面的制约：第一，主观因素的制约。商标实质审查质量与商标审查员的专业范围、知识面以及工作经验有密切关系，必定受到商标审查员主观因素的影响。针对相同类型的商标审查，不同的审查员可能得出截然相反的审查结果。第二，客观因素的制约。商标实质审查的两个主要内容：一是判断申请商标是否违反禁用条款；二是判断申请商标是否侵犯在先权利，即与在先注册或在先申请的商标构成同类或类似商品上的相同或近似商标，或者以不正当手段抢先申请注册他人已经使用并有一定影响的商标等其他权利。商标审查员的判断主要依赖商标申请人提交的材料和商标注册与管理数据库。如果申请注册商标侵犯他人在先权利，商标申请人是不可能如实提交相关材料的。商标注册与管理数据库是由人工维护的，数据库信息必定存在一定的滞后性，同时也可能存在差错。商标审查员也不可能检索出所有的相同或近似商标。这导致商标审查员的判断可能存在失误。

商标异议程序可以加强社会公众对商标审查工作的监督，给予在先权利人和利害关系人保护自身权益的机会，从而减少商标审查失误和权利冲突，因此商标异议程序是商标局实质审查工作的有效补充。商标异议程序可以尽量避免注册商标申请人获得不应得到的商标专用权。当然，商标异议程序也存在一些局限性：第一，商标异议程序延长了商标确权的时间。一个初步审定公告的申请注册商标如果被提出异议，中间可能经历商标局裁定、商标评审委员会复审和法院诉讼等阶段，从而造成被异议商标的权利长期处于待定状态，不利于被异议人围绕被异议商标开展经营活动。第二，商标异议程序可能被不正当利用。有些不良的企业或个人可能利用商标异议程序敲诈商标申请人；竞争对手也可能将商标异议程序作为打击商标申请人的手段，阻碍商标申请人获得商标注册，然后趁商标异议裁定期间商标申请人不享有注册商标专用权的时机大肆模仿初步审定公告的申请注册商标。针对恶意商标异议行为，《商标法》第三十六条第二款规定，“经审查异议不成立而准予注册的商标，商标注册申请人取得商标专用权的时间自初步审定公告 3 个月期满之日起计算。自该商标公告期满之日起至准予注册决定做出前，对他人在同一种或者类似商品上使用与该商标相同或者近似的标志的行为不具有追溯力；但是，因该使用人的恶意给商标注册人造成的损失，应当给予赔偿。”

二、商标异议申请

(一)商标异议人

在先权利人和利害关系人认为初步审定的申请注册商标违反《商标法》第十三条第二款和第三款、第十五条、第十六条第一款、第三十条、第三十一条、第三十二条的相关规定，可以向商标局提起商标异议。根据相关法条，可以提起商标异议的在先权利人和利害关系人包括：驰名商标权利人、在先使用商标权利人、地理标志权利人、在先初步审定商标的申请人、商号权人、著作权人、外观设计专利权人、姓名权人、肖像权人，等等。如果初步审定的申请注册商标违反《商标法》第十条、第十一条、第十二条的规定，任何人都可以向商标局提起商标异议。

(二)商标异议理由

商标异议人提起商标异议的理由可以分为以下几种：

第一，被异议商标违反了《商标法》的“禁用”规定(第十条)、

“禁注”规定(第十一条)、三维标志禁注规定(第十二条)。

第二，被异议商标与在先商标构成相同或类似商品上的相同或近似商标。被异议商标同商标异议人在相同或类似商品上“已经注册”、“初步审查公告”、“未初步审查公告但申请在先”或“同一天申请且使用在先”的商标相同或近似的，商标异议人可以提出异议。

第三，被异议商标侵犯驰名商标权利人的商标权益。

第四，被异议商标是代理人、代表人或者有特定关系的他人恶意抢注的。

第五，被异议商标损害商号权、著作权、外观设计专利权、姓名权、肖像权等在先权利。

第六，被异议商标是商标申请人以不正当手段抢注他人已经在先使用并有一定影响的商标。

第七，被异议商标中含有商品的地理标志，但该商品并非来源于该地理标志所标示的地区。

(三)商标异议申请文件

商标异议申请文件主要包括：

1.商标异议申请书。一件商标异议申请只能对一个商标注册申请号的商标提出异议。商标异议申请书必须写明异议理由、事实和法律依据。

2.商标代理委托书。商标异议人委托商标代理机构办理商标异议，必须提交商标代理委托书。商标代理委托书应载明代理人代理权限、代理事项及授权日期，且同一代理人不能在同一商标异议案件中同时代理异议双方当事人。

3.商标异议人的主体资格证明文件。主要包括在先权利人或利害关系人的证明文件、营业执照或其他身份证明文件的复印件，必须经商标异议人盖章或者签字确认。

4.被异议商标初步审定公告的复印件。这个可以从中国商标网下载。

5.证据目录及证据材料。异议申请人如果没有及时提交证据材料，需要补充证据材料的，应当在商标异议申请书中声明，并应自提交异议申请之日起3个月内提交，未声明的视为放弃提交补充材料。

上述商标异议材料均应当提交一式两份，商标异议人应当标明正、副本。

商标异议申请书

被异议商标：
被异议商标：
被异议类别：
初步审定号：
初步审定公告期：
被异议人名称：
被异议人地址：
被异议人代理机构名称：

异议人名称：
异议人地址：
邮政编码：
联系人：
电话：
是否提交补充材料：　　是□　　否□
异议人代理机构名称：

异议请求和事实依据：

申请人章戳(签字)：　　　　代理机构章戳：

代理人签字：

三、商标异议受理

商标局收到商标异议申请、经过形式审查后，符合受理条件的开具《受理通知书》；如果是商标代理机构代理商标异议申请的，商标局会给商标代理机构寄发《受理通知书》。商标局对于需要补正材料的商标异议申请，会给商标代理机构寄发《补正通知书》。商标代理机构收到商标异议《补正通知书》后，应当对商标异议申请材料按照通知要求进行补正，并在规定的时间内将补正通知和补正材料一起提交给商标局。除要求补交商标异议申请书副本以外，其他补正的材料仍须提交一式两份。

商标局不予受理以下商标异议申请，会书面通知商标异议申请人并说明理由：(一)未在法定期限内提出的；(二)申请人主体资格、异议理由不符合商标法第三十三条规定的；(三)无明确的异议理由、事实和法律依据的；(四)同一异议人以相同的理由、事实和法律依据针对同一商标再次提出异议申请的。

四、商标异议答辩

商标局受理商标异议申请后，应当将商标异议材料副本及时送交被异议人，限其自收到商标异议材料副本之日起 30 日内答辩。被异议人在限定期限内未作出答辩的，视为放弃异议答辩，不影响商标局作出决定。被异议人需要在答辩后补充有关证据材料的，应当在答辩书中声明，并自答辩书之日起3个月内提交。

商标异议答辩所需材料为包括：

1.异议答辩书；

2.商标代理委托书；

3.被异议商标初步审定公告页的复印件；

4.商标被异议人（答辩人）的主体资格证明文件；

5.商标局异议通知书原件及相关材料。

商标答辩材料一般只需提交一份。

被异议人在期满未提交异议答辩材料的，视为当事人放弃补充有关证据材料，不影响商标局对商标异议进行审理和裁定。

五、商标异议审理与裁定

商标局受理商标异议申请后，应当调查核实商标异议双方当事人陈述事实和理由，根据已有证据材料，自公告期满之日起12个月内做出是否准予注册的决定，并书面通知异议人和被异议人。有特殊情况需要延长的，经国务院工商行政管理部门批准，可以延长六个月。

商标局对商标异议申请的裁决结果有两种：第一，做出准予注册决定的，发给商标注册证，并予公告。商标异议人不服的，可以依照本法第四十四条、第四十五条的规定向商标评审委员会请求宣告该注册商标无效。第二，做出不予注册决定，包括在部分指定商品上不予注册决定，被异议人不服的，可以自收到通知之日起十五日内向商标评审委员会申请复审。

第二节　商标不予注册复审代理

一、商标不予注册复审概述

商标不予注册复审是指被异议人对商标局在商标异议程序中作出的不予注册决定不服，可以自收到通知之日起15日内向商标评审委员会申请复审的法律程序。商标不予注册复审是《商标法》2013年修订后的商标评审程序之一。商标不予注册复审的申请人仅仅限定为原商标异议案件的被异议人。如果商标异议人对商标局做出的准予注册决定不服，只能根据《商标法》第四十四条、第四十五条的规定向商标评审委员会请求宣告该注册商标无效。而旧《商标法》规定，商标异议人和被异议人对商标局作出的商标异议裁定不服，均可以向商标评审委员会提起商标异议复审。

二、商标不予注册复审申请

商标不予注册复审申请应当准备如下文件：

1.商标不予注册复审申请书；

2.商标评审代理委托书；

3.商标不予注册决定原件及商标局寄送商标不予注册决定的信封；

4.商标不予注册复审申请人的主体资格证明文件；

5.证据目录及证据材料。

上述文件均应当提交一式两份。

商标不予注册复审申请人需要在商标不予注册复审申请后补充有关证据材料的，应当在商标不予注册复审申请书中申明，并自提交复审申请书之日起 3 个月内提交；除非有正当理由，否则期满未提交的，视为放弃补充有关证据材料。

商标不予注册复审申请书

（首页）

被异议商标：

类别：

申请号/国际注册号：

商标局发文号：

申请人名称：

通信地址：

邮政编码：

联系人：

联系电话(含区号)：

商标代理机构名称：

联系人：

联系电话(含区号)：

原异议人名称：

地址：

是否需要提交补充证据材料：是□　　　否□

申请人章戳(签字)：　　　　　　商标代理机构章戳

代理人签字：

年　月　日　　　　　　年　月　日

三、商标不予注册复审答辩

经过形式审查后，商标评审委员会对符合受理条件的商标不予注册复审申请发出受理通知书，并将商标不予注册复审申请书副本送达原商标异议人，要求原商标异议人在收到不予注册复审申请书副本之日起30天内，向商标评审委员会提交书面答辩理由和相应证据材料。

不予注册复审答辩所需文件为(按顺序)：

1.不予注册复审答辩书；

2.商标评审代理委托书；

3.被异议商标初步审定公告页的复印件；

4.商标评审委员会不予注册复审通知书原件及商标评审委员会寄送不予注册复审通知的信封；

5.证据目录及相应证据材料。原商标异议人需要在提交不予注册复审答辩后补充有关证据材料的，应当在答辩书中声明，并自提交答辩书之日起3个月内提交。期满未提交的，视为放弃补充有关证据材料。

原商标异议人未按期提交答辩或者不提交答辩意见的，视为放弃答辩，不影响商标评审委员会对不予注册复审案件的审理和裁决。

不予注册复审过程中存在证据交换程序。商标评审委员会将原商标异议人提交的答辩理由和证据材料送达不予注册复审申请人，要求不予注册复审申请人在收到证据交换通知书以及答辩书之日起30天内，向商标评审委员会一次性提交书面质证意见和相应的证据材料。不予注册复审申请人不提交质证意见和证据，不影响商标评审委员会对案件的审理和裁决。

四、商标不予注册复审决定

商标评审委员会审理不服商标局不予注册决定的复审案件，应当针对商标局的不予注册决定和申请人申请复审的事实、理由、请求及原异议人提出的意见进行审理。商标评审委员会审理不服商标局不予注册决定的复审案件，应当通知原异议人参加并提出意见。原异议人的意见对案件审理结果有实质影响的，可以作为评审的依据；原异议人不参加或者不提出意见的，不影响案件的审理。

商标评审委员会应当自收到申请之日起12个月内做出复审决定，并书面通知异议人和被异议人。有特殊情况需要延长的，经国务院工商行政管理部门批准，可以延长6个月。商标评审委员会在审理不服商标局不予注册决定的复审案件过程中，所涉及的在先权利的确定必须以人民法院正在审理或者行政机关正在处理的另一案件的结果为依据的，可以中止审查，但是在中止原因消除后，应当及时恢复审查程序。

商标评审委员会对商标不予注册复审申请的决定主要包括三种：第一，作出驳回商标申请的复审决定。商标评审委员会审理不服商标局驳回商标注册申请决定的复审案件，发现申请注册的商标有违反商标法第十条、第十一条、第十二条和第十六条第一款规定情形，商标局并未依据上述条款作出驳回决定的，可以依据上述条款作出驳回申请的复审决定。第二，作出被异议商标不予核准注册的决定，包括部分不予核准注册的决定。被异议人对商标评审委员会的决定不服的，可以自收到通知之日起 30 日内向人民法院起诉。第三，作出被异议商标予以核准注册的决定。商标评审委员会将移交商标局办理商标核准注册相关事宜。原异议人如对本决定不服，可以依照《商标法》第四十四条、第四十五条的规定向商标评审委员会请求宣告该注册商标无效。

◆案例三◆

关于第 7073199 号“稻花香及图”商标不予注册复审决定书[①]

商评字[2016]第 0000099643 号

申请人：深圳市赛马食品有限公司

委托代理人：漳州市信达商标代理有限公司

原异议人：湖北稻花香酒业股份有限公司

地址：湖北省宜昌市龙泉镇

① 参见国家工商行政管理总局商标评审委员会《关于第 7073199 号“稻花香及图”商标不予注册复审决定书》，http://www.saic.gov.cn/spw/psws/201701/t20170105_232675.html，2017 年 1 月 28 日登录。

申请人因第7073199号“稻花香及图”商标（以下称被异议商标）异议一案，不服商标局（2015）商标异字第0000053174号不予注册决定，于2015年11月30日向我委申请复审。我委依法受理后，依照《商标评审规则》第六条的规定，组成合议组依法进行了审理，现已审理终结。

原异议人在异议阶段的主要理由：1.原异议人在先注册的“稻花香”系列商标具有极强的显著性和知名度，被异议商标与原异议人在先注册的第109459号“稻花牌及图”商标（以下称引证商标一）、第1041188号“稻花香”商标（以下称引证商标二）、第1396938号“稻花香”商标（以下称引证商标三）、第1293949号“稻花香”商标（以下称引证商标四）、第4480640号“稻花香”商标（以下称引证商标五）构成近似商标，双方商标指定使用的商品关联程度高，易使消费者对商品来源产生混淆、误认。2.原异议人“稻花香”商标已于2005年被认定为驰名商标，被异议商标的注册申请会淡化原异议人商标的显著性，致使原异议人的利益受到损害。3.“稻花香”作为原异议人的商号经过长期持续的广泛使用，具备了极高的显著性和知名度，被异议商标的注册申请侵犯了原异议人的在先商号权。4.申请人申请注册被异议商标的行为具有明显恶意，违反诚实信用原则，系搭便车、傍名牌的行为。综上，原异议人请求依据修改前《商标法》第九条、第十三条第二款、第三十一条的规定，不予被异议商标核准注册。

原异议人向商标局提交了以下主要证据：

1.被异议商标初审公告复印件；

2.引证商标的注册证及相关证明；

3.原异议人企业法人营业执照复印件、背景材料证明复印件；

4.原异议人系列驰名商标证明文件；

5.原异议人及其商标、产品所获荣誉情况；

6.关于原异议人“稻花香”系列商标的报道；

7.关于引证商标的行业排名情况；

8.在先商标裁定书；

9.原异议人承继说明及相关证明材料复印件；

10.部分广告合同复印件、部分广告实物照片复印件。

商标局不予注册决定认为，被异议商标“稻花香DAO HUA XIANG及图”指定使用于第29类“食用油、玉米油”等商品。原异议人湖北稻花香酒业股份有限公司注册并使用在“白酒”商品上的“稻花香”商标已被我局认定为驰名商标。被异议商标与该商标文字相同，已构成对原异议人驰名商标的复制，核准被异议商标注册使用在其指定商品上容易误导公众，致使原异议人的利益可能受到损害。依据《商标法》第十三条第三款、第三十条、第三十五条规定，被异议商标不予注册。

申请人复审的主要理由：1.被异议商标与原异议人引证商标二、义乌市稻花香食品有限公司在先注册的第1763593号“稻花香”商标在设计风格上存在显著区别，未构成使用于类似商品上的近似商标。2.经查询，已有多件“稻花香”商标并存使用，且本案中原异议人与义乌市稻花香食品有限公司的“稻花香”商标亦共存使用，不致造成相关公众的混淆、误认。综上，申请人请求对被异议商标予以核准注册。

申请人向我委提交了以下主要证据：

1.古代宋词三百首摘录；

2.《中国粮油市场报》摘录；

3.引证商标二、义乌市稻花香食品有限公司第1763593号“稻花香”商标的商标档案信息；

4.被异议商标使用的图片证据；

5.被异议商标品牌产品的检验报告。

原异议人在我委规定期限内提交了意见。

经审理查明：

1.被异议商标由申请人于2008年11月24日提出注册申请，指定使用在第29类食用油等商品上。经商标局初步审定并公告后，被本案原异议人、义乌市稻花香食品有限公司提出异议。商标局不予注册决定义乌市稻花香食品有限公司异议理由不成立，本案原异议人理由成立，被异议商标不予注册，申请人不服商标局不予注册决定，向我委申请复审。

2.在被异议商标注册申请日之前，原异议人在第33类酒等商品上申请注册了引证商标一、二、三，至本案审理之时，上述商标均在专用权期限内。

原异议人引证商标四的申请日为1998年2月26日，指定使用在第29类豆制品商品上。1999年7月14日获准注册，续展后，专用权期限至2019年7月13日。

原异议人引证商标五的申请日为2005年1月25日，指定使用在第29类猪肉食品等商品上。2007年10月28日获准注册，专用权期限至2017年10月27日。引证商标五因连续三年不使用已经我委撤销复审决定予以撤销，该决定已生效，故引证商标五不构成被异议商标予以核准注册的在先权利障碍。

3.2005年12月30日，商标驰字【2005】第112号《关于认定“稻花香”商标为驰名商标的批复》中认定原异议人使用在第33类白酒上的“稻花香”商标为驰名商标。

4.2013年12月23日，我委在商评字(2013)第141461号《关于第5843555号“刀花香”商标异议复审裁定书》中认定，在2007年1月12日之前，引证商标三经过宣传使用已为相关公众广为知晓，已成为第33类白酒商品上的驰名商标。

以上事实有商标档案、相关裁定书及原异议人在异议阶段提交的证据4在案佐证。

我委认为，原异议人依据修改前《商标法》第十三条第二款、第三十一条的规定所提异议理由体现在现行《商标法》第十三条第三款、第三十二条的规定中。

《商标法》第九条的原则性规定已体现在其具体条款中，我委将依据原异议人陈述的事实理由及《商标法》的相关规定进行审理。

被异议商标所含显著识别部分之一的文字“稻花香”与引证商标一所含显著识别部分之一的文字“稻花牌”、引证商标二、三、四“稻花香”在文字组成、呼叫上相同，双方商标已构成近似商标。被异议商标指定使用的第29类食用油等商品与引证商标一指定使用的第33类酒商品、引证商标二、三指定使用的第33类白酒等商品、引证商标四指定使用的第29类豆制品商品在功能、用途上存在差异，不属于类似商品，故被异议商标与引证商标一、二、三、四未构成使用于类似商品上的近似商标。

原异议人"稻花香"商标曾被商标局、商评委认定为白酒商品上的驰名商标。本案中，依据原异议人提交的证据可以证明在被异议商标注册申请日之前，原异议人引证商标三在白酒商品上已达到驰名程度，依据《商标法》第十四条规定，我委认定原异议人引证商标三为白酒商品上的驰名商标。被异议商标与引证商标三均含有显著识别文字"稻花香"，被异议商标已构成对原异议人驰名商标的复制、临摹。被异议商标的注册及使用易使消费者误认为其与引证商标三或原异议人之间存在关联，从而对商品的来源产生混淆、误认，致使原异议人的利益可能受到损害。因此，被异议商标的注册申请违反了《商标法》第十三条第三款的规定。

原异议人提交的在案证据不足以证明其商号已在被异议商标指定使用的食用油等类似商品所属行业内经使用具有较高知名度，被异议商标的注册与使用容易导致相关公众产生混淆，致使原异议人的利益可能受到损害，因此，被异议商标的注册申请未构成《商标法》第三十二条所指损害他人在先商号权的情形。

商标评审以个案审查为原则，原异议人、义乌市稻花香食品有限公司"稻花香"商标共存的事实与本案情况不同，不能成为本案被异议商标予以核准注册的当然依据。

依照《中华人民共和国商标法》第十三条第三款、第三十五条

第三款、第三十六条的规定,我委决定如下:

被异议商标不予核准注册。

申请人如不服本决定,可以自收到本决定书之日起三十日内向北京知识产权法院起诉,并在向人民法院递交起诉状的同时或者至迟十五日内将该起诉状副本抄送或者另行书面告知我委。

合议组成员:翟延莉

张　颖

王继红

2016 年 11 月 25 日

第五章

商标国际注册代理

第一节　商标国际注册概述

一、商标国际注册的概念

商标国际注册有狭义和广义之分。狭义的商标国际注册是指根据《商标国际注册马德里协定》(以下简称马德里协定)、《商标国际注册马德里协定有关议定书》(以下简称马德里议定书)及《商标国际注册马德里协定及该协定有关议定书的共同实施细则》的规定办理的马德里商标国际注册。马德里商标国际注册由世界知识产权组织国际局进行管理。我国《商标法》和《商标法实施条例》采用的商标国际注册是狭义的。广义的商标国际注册不但包括马德里商标国际注册,还包括商标逐一国家或地区注册。商标逐一国家或地区注册是指商标注册申请人通过巴黎公约向国外申请商标注册,或者直接或间接委托指定国家的商标代理人进行商标国际注册。当前世界上共有主权国家、独立法域地区 200 多个,只要该国家或地区有商标相关规定,企业就可以在该国或地区采取逐一国家或地区商标注册。商标逐一国家或地区注册的一个特殊形式是向超国家联盟申请商标国际注册。例如,欧盟议会于 1993 年 12 月 20 日通过了《欧洲共同体商标条例》(40/94)(European Community Trade Mark Regulation),创建了欧共体商标体系。企业通过取得共同体商标注册而获得在欧共体整个范围内对商标的统一保护。

二、商标国际注册的意义

商标国际注册的意义主要包括以下两点:

第一,防止商标在国外被抢注。如果一个企业仅仅在自己的母国进行商标注册,忽视在国外注册商标,则其商标在国外可能被竞争对手、经销商或其他利害关系人在国外抢先注册。我国企业商标国际注册意识不够强,商标在国外频频被抢注。同仁堂、联想、海信、大宝、五粮液、狗不理,等等,这些国人耳熟能详的民族品牌尝试向海外进军时,都遇到同一个问题,商标在第三国被抢注了。有些企业为取回原有商标付出了高昂代价,例如海信集团。海信集团 "HiSense"商标在德国西门子公司被抢注,最终不得不以 50 万欧元将商标赎回。有些企业甚至不得不放弃培育多年的驰名商标,例如联想集团。联想 2001 年开始启动国际化战略,却发现联想的英文商标 Legend 在全球已被 100 多家公司注册过,最终不得不放弃 Legend,并于 2003 年开始启用"lenovo"商标。

第二,帮助企业实施国际化战略。一个企业在母国发展壮大之后，肯定会谋求国际化战略。商标作为一个企业最重要的无形资产之一，在国际经济活动中发挥着举足轻重的作用。大多数国家和地区商标注册周期都比较长，一般在2年左右，有些甚至长达5年以上。为了顺利启动国际化战略，企业必须提前在出口国注册商标，确保提前获得商标权，避免侵犯他人商标权利。企业只有树立“商标先行”的理念，才能为其商品或服务开启国际化之路。一个企业的商品或服务要想在国际上获得消费者认知和熟悉，不但要注册国际商标，还必须并积极宣传。只有这样才能长期稳定占领国际市场，扩大销售量，实现品牌国际化。

三、商标国际注册中的优先权

优先权原则是《保护工业产权巴黎公约》(简称《巴黎公约》)对工业产权国际保护确立的重要原则之一。《巴黎公约》第四条规定，任何人或其权利继承人，已经在本联盟某一国家正式提出商标注册申请的，在6个月内，在其他国家就同一商标在相同商标上提出的申请享有优先权。“任何人或其权利继承人”是指《巴黎公约》成员国国民、在成员国拥有住所或真实有效的工商营业所的非成员国国民。我国《商标法》第二十五条规定，商标注册申请人自其商标在外国第一次提出商标注册申请之日起6个月内，又在中国就相同商品以同一商标提出商标注册申请的，依照该外国同中国签订的协议或者共同参加的国际条约，或者按照相互承认优先权的原则,可以享有优先权。我国《商标法》第二十六条规定,商标在中国政府主办的或者承认的国际展览会展出的商品上首次使用的,自该商品展出之日起6个月内,该商标的注册申请人可以享有优先权。优先权的作用是保护国际商标注册首次申请人,防止他人利用首次申请人两次申请日期的差异抢注其申请注册的商标。

在商标国际注册中,主张优先权必须注意几个问题:第一,国际商标注册优先权人必须确定商标申请日期和申请号。一般而言,商标主管部门收到商标申请人的申请材料后,会发给商标申请人《受理通知书》。该通知书会明确商标申请日期和申请号。如果采用逐一国家注册方式,必须将在中国或其他国家取得的"受理通知书"翻译成英文或指定国的语言。第二,国际商标注册优先权人可以根据需要选择初次申请国家。国际商标注册申请人可以选择以国籍所在地、住所地国家或其他《巴黎公约》成员国的商标申请为主。第三,国际商标注册优先权人应当确保主张优先权的申请注册项目不能超过初次申请国家指定的商品或服务范围。第四,国际商标注册优先权人依据我国《商标法》第二十六条主张优先权,应当在提出商标注册申请的时候提出书面声明,并且在3个月内提交展出其商品的展览会名称、在展出商品上使用该商标的证据、展出日期等证明文件;未提出书面声明或者逾期未提交证明文件的,视为未要求优先权。

第二节　马德里商标国际注册代理

一、马德里商标国际注册体系

马德里商标国际注册体系由1891年签订的《商标国际注册马德里协定》（以下简称《马德里协定》）、1989年签订的《商标国际注册马德里协定有关议定书》（以下简称《议定书》）构成。马德里国际商标注册体系的目的是为了简化国际商标注册申请程序，使国际商标注册申请人能够在最短时间内以最低成本在所需国家里获得商标保护。《议定书》是为了让马德里商标国际注册体系现代化而重新制定的一个条约，[①]使得马德里商标国际注册体系更加灵活，对某些不愿意加入《马德里协定》的国家更具吸引力。美国、英国和日本等国家就是在《议定书》签订后加入马德里商标国际注册体系的。《议定书》允许实行区域性商标注册体系的政府间组织成员加入，例如欧盟。《马德里协定》和《议定书》是两个平行的国际条约，各自相互独立。《马德里协定》和《议定书》的成员国组成了马德里联盟。马德里联盟大会有两个重要任务，一是通过马德里联盟的计划与预算，另一个是通过并修改实施细则。《商标国际注册马德里协定及该协定有关议定书的共同实施细则》于2009年生效。

---

① 陶俊英:《如何通过马德里体系进行国际商标注册》，载《时代经贸》2010年10月(上旬刊)。

马德里商标国际注册体系由设在瑞士日内瓦的世界知识产权组织(WIPO)国际局进行管理。WIPO 国际局主要负责商标国际注册,其功能有如一个为各缔约方商标申请服务的中转站,类似于快递公司的"中转分发中心"。我国已经于 1989 年 10 月加入《马德里协定》,于 1995 年 12 月加入《议定书》。我国企业可以利用《马德里协定》和《议定书》的规定申请商标国际注册,在马德里联盟国家获得商标权。

二、马德里商标国际注册的优势与劣势

马德里商标国际注册相对于逐一国家商标注册而言,有许多优势,同时也存在一些劣势。马德里商标国际注册的优势在于:第一,手续比较简单。通过马德里商标国际注册体系,商标申请人只要向原属国商标主管部门提交一份商标申请,再通过主管部门向 WIPO 国际局转交国际商标申请,即可在多个国家获得商标保护。第二,费用相对较低。国际马德里商标注册的费用为基础注册费+原属国注册费+指定缔约方注册费。基础注册费是 653 瑞士法郎(黑白图样)或 903 瑞士法郎(彩色图样);指定缔约方注册费为每个缔约方 100 瑞士法郎,要求单独规费的缔约方除外。相对于逐一国家商标注册,马德里商标国际注册的收费相对较低。第三,所需时间较短。从马德里商标国际注册申请人向原属国商标主管部门提交申请书之日起,一般 6 个月左右即可获得世界知识产权组织国

际局颁发的商标国际注册证明，里面记载了商标国际注册号和国际注册日。商标国际注册证明只表明国际局收到国际注册申请，如果指定缔约方没有在规定期限内(《马德里协定》规定 12 个月，《议定书》规定 18 个月)行使驳回权利，则申请商标在指定缔约方获得保护。通常情况下，采用逐一国家商标注册方式比采用马德里商标国际注册方式要花费更长的时间。

马德里商标国际注册的劣势在于：第一，商标保护范围受限制。通过马德里商标注册体系申请注册商标，申请商标与指定商标或服务必须与原属国的完全一致。这样不利于商标申请人根据不同的国家或地区的具体国情选择商品或服务，存在很大局限性，不利于企业海外多元化发展。第二，商标查询精确度不足。通过马德里商标注册体系申请商标，只能够查询到马德里商标注册体系中已经申请过的商标，不能够进行对指定缔约方商标进行查询，查询结果不够全面，可能导致后期的商标风险。第三，“中心打击”风险较大。马德里商标国际注册存在“中心打击”风险，即原属国基础注册被撤销会导致所有指定缔约国的商标注册被撤销。《马德里协定》规定，在 5 年内基础注册撤销导致国际注册撤销；超过 5 年，基础注册与国际注册相互独立。《议定书》规定，基础注册撤销后，国际注册商标权人可以要求转为国家申请。

三、马德里商标国际注册申请

下面以申请人为我国为原属国[①],以我国商标局为原属局[②]为例,讲述申请马德里商标国际注册的相关事项。

(一)马德里商标国际注册申请条件

《商标法实施条例》第三十五条规定,马德里商标国际注册申请人应当在我国设有真实的工商营业场所,或者在我国境内有住所,或者拥有我国国籍。目前,我国香港和澳门特别行政区的自然人或法人不能通过国家商标局提出马德里国际申请;我国台湾地区的自然人和法人可以通过国家商标局提出国际注册申请。马德里联盟成员国的国民如果在我国拥有合资或独资企业,可以通过商标局提出马德里国际商标注册。

《马德里协定》规定,只有在原属局获得注册的商标才能作为马德里商标国际注册的基础。[③] 我国《商标法实施条例》规定,申请人的商标已在商标局获得注册的,可以根据马德里协定申请办理该商标的国际注册。相对于《马德里协定》,《马德里议定书》规定了更宽松的国际注册条件。《马德里议定书》规定,马德里商标国际申请人不需要等到原属国商标注册成功,只要向原属国提出商

① 原属国是指申请人国籍所在国家,或者申请人设有真实有效的工商营业场所的国家,或者申请人拥有住所的国家。

② 原属局是指原属国负责商标注册的主管机关,我国原属局是国家工商行政管理总局商标局。

③ 即基础注册。

标申请，就可以提交马德里商标国际注册申请。我国《商标法实施条例》规定，申请人的商标已在商标局获得注册，或者已向商标局提出商标注册申请并被受理的，可以根据马德里议定书申请办理该商标的国际注册。

(二)马德里商标国际注册申请材料

马德里商标国际注册申请材料包括：

1.马德里商标国际注册申请书；

2.外文申请书(MM表格)；

3.申请人资格证明一份，如营业执照复印件、身份证复印件等；

4.国内《商标注册证》复印件，或《受理通知书》复印件；

5.如基础注册或申请的商标在国内进行过变更、转让或续展等后续业务，一并提交核准证明复印件；

6.申请人使用英文名称的，必须提供使用该英文名称的证明文件；

7.委托商标代理机构办理的，还应提交商标代理委托书；

马德里商标国际注册外文申请书的选择：第一，仅指定纯协定缔约方，选用MM1表格；第二，指定的缔约方如不包含纯协定缔约方，选用MM2表格；第三，指定的缔约方如包含纯协定缔约方，选用MM3表格；第四，指定美国的，必须一并提交MM18表格。

马德里商标国际注册申请书

□申请人或代理人文件编号：

□附页页数

一、申请人信息：

1.申请人中文全称及外文译名：

（如无外文译名的，可用拼音代替；中文名称应与国内注册或受理通知书完全一致）

2.申请人地址：（地址应与国内注册证或受理通知书一致，相关文件中的地址未冠有省、市、县等行政区划的，申请人应当增加相应行政区划名称）

________省（自治区、直辖市）________市________区（县）

____

邮政编码：________

3.电话（含地区号）：　　　　　　　传真（含地区号）：

电子邮件地址：

4.申请人通信地址：

5.收文语言选择：　　□英语　　　　□法语

二、申请人资格：

□申请人在中国设有真实有效的工商营业场所

□或者申请人在中国设有住所（或总部）

□或者申请人具有中国国籍

三、代理人信息：

1.代理人中文全称及外文译名(如无外文译名的，可用拼音代替)：

2.代理人地址(省份、城市、街道、门牌号码、邮政编码)：

3.电话(含地区号)：传真(含地区号)：

电子邮件：

四、基础申请或基础注册：

申请号：　　　　　　　　申请日期：

注册号：　　　　　　　　注册日期：

五、优先权(国家、初次申请的日期和号码)：

在先申请所在主管局：

申请号：　　　　　　　　申请日期：

六、商标：

七、其他事项

□要求保护颜色的，请作文字说明：

□立体商标

□声音商标

□集体或证明商标

□商标音译(拼音)：

□商标意译(英语或法语)：

□商标无含义

八、商品或/和服务及其类别(不得超过国内申请和注册范围，可附另页)：

1.□商品或/和服务及其类别：

类别　　　　商品和/或服务

2.☐如有对具体国家作商品或/和服务及类别的限定，请注明：

指定缔约方	申请保护的类别及商品和/或服务
________	____
________	____
________	____
________	____
________	____
________	____
________	____
________	____
________	____
________	____
________	____

3.☐若以上空间不足，请在方框内标记，并用附页填写

九、指定保护的缔约方(划出该缔约方)：

同属协定和议定书缔约方

☐阿尔巴尼亚	☐亚英尼亚	☐奥地利	☐阿塞拜疆
☐波斯尼亚—墨塞哥维那	☐保加利亚	☐不丹	☐比荷卢
☐白俄罗斯	☐瑞士	☐古巴	☐塞浦路斯
☐捷克	☐德国	☐阿尔及利亚	☐埃及
☐西班牙	☐法国	☐克罗地亚	☐匈牙利
☐伊朗	☐意大利	☐肯尼亚	☐吉尔吉斯
☐朝鲜	☐哈萨克斯坦	☐列支教士登	☐利比星亚
☐莱索托	☐拉脱维亚	☐摩洛哥	☐摩纳哥
☐摩尔多瓦	☐黑山	☐前南斯拉夫马其顿	☐蒙古
☐莫桑比克	☐纳米比亚	☐波兰	☐葡萄牙
☐罗马尼亚	☐塞尔维亚	☐俄罗斯联邦	☐苏丹
☐斯洛文尼亚	☐斯洛伐克	☐塞拉利昂	☐圣马力诺
☐斯威士兰	☐塔吉克斯坦	☐乌克兰	☐越南

纯议定书缔约方

☐安提瓜和巴布达	☐澳大利亚	☐巴林

□波内赫、圣尤斯特歇斯和萨巴群岛			
□博茨瓦纳	□哥伦比亚	□库拉索	□丹麦
□爱沙尼亚	□欧盟	□芬兰	□英国
□格鲁吉亚	□加纳	□冈比亚	□希腊
□爱尔兰	□以色列	□印度	□冰岛
□日本	□柬埔寨	□韩国	□老挝
□立陶宛	□马达加斯加	□墨西哥	□挪威
□新西兰	□非洲知识产权组织		□阿曼
□菲律宾	□卢旺达	□瑞典	□新加坡
□圣多美和普林西比	□圣马丁	□叙利亚	□土库曼斯坦
□突尼斯	□土耳其	□英国	□乌兹别克斯坦
□茨比亚	□津巴布韦		

共________个缔约方

十、本申请交费方式：

通过商标局向国际局转交规费

直接向国际局交纳规费

（加盖代理人章戳：无代理人的加盖申请人章戳）

联系人：

电话(含地区号)：

日期：　　　年　　　月　　　日

(三)马德里商标国际注册申请递交与审查

《商标法实施条例》第三十七条规定，以中国为原属国申请商标国际注册的，应当通过商标局向世界知识产权组织国际局（以下简称国际局）申请办理。商标局国际注册处收到国际注册申请后会对申请材料进行形式审查，审查周期一般为2个月左右。商标局若发现问题，会要求申请人或代理机构在30天内进行补正。商标局确认申请材料无误后，登记申请日期，编订申请号，按照当日瑞士法郎和人民币汇兑牌价计算费用，并发出缴费通知。申请人或代理人应在收到缴费通知之日起15日内向商标局缴纳有关费用。期满未缴纳的，商标局受理其申请，书面通知申请人。商标局只有在收到国际注册款项后，才会向国际局递交国际注册申请。

国际局对申请材料进行审查，确认无误后，颁发商标国际注册证，同时通知指定缔约方限期审查。这里的国际注册证并不能产生商标权，即申请商标还不能受到指定缔约方的法律保护，仅相当于受理通知书的作用。只有指定缔约方的商标主管机关在规定的期限内没有驳回马德里商标国际注册申请人的商标保护请求后，申请商标才能在指定缔约方国内享有同该国注册商标相同的权利。《马德里协定》缔约方应当在12个月内依照该国商标法进行审查；《马德里议定书》缔约方应当在18个月内依照该国商标法进行审查。指定缔约方审查后，认为符合注册条件，则须向国际局通报核准保护声明，并由国际局直接转交给商标代理机构。大多数国家不会单独颁发注册证，但美国、日本和韩国在核准保护后会颁发本国注册证。指定缔约方审查后，认为不符合注册条件，则须向国际局发出临时驳回、终局驳回、基于商标异议驳回的通知。国际局直接将相关驳回决定转交给商标代理机构；同时会将驳回决定电子版和相关信息在网站上公布。马德里国际商标注册申请被驳回后，申请人可以通过委托商标代理机构提交答辩意见。绝大多数国家都被强制委托当地商标代理机构，但也有个别国家没有被强制，可以直接提交答辩。

第三节　逐一国家商标注册代理

一、逐一国家商标注册的优势与劣势

逐一国家商标注册的优势在于：第一，申请较灵活。大多数国家和地区进行逐一注册都不需要原属国的基础申请或注册。企业能够根据所在国风俗习惯和企业发展战略申请商标，在指定商品或服务项目和商标申请时机上都比较自由。企业可以做到商标先于商品进入海外市场，并能够对品牌进行扩大保护。第二，风险相对较小。在逐一国家商标注册方式中，商标申请人通常会委托所在国商标代理机构处理商标申请事宜。商标代理机构可以事先查询商标，清楚知道所申请商标是否在该国遭到抢注，商标申请是否

会涉及侵权。同时采用逐一国家注册,商标注册成功后能够得到官方核发的商标注册证,遇到侵权时可以出具专用权证明,及时制止侵权。第三,权利较稳定。采用逐一国家注册方式,商标申请人在哪国注册成功,除非商标权人严重违反该国法律导致商标被撤销或被无效成功,商标权在有效期内保持稳定。

逐一国家商标注册的劣势在于:第一,费用比较高。采用逐一国家商标注册方式,在哪个国家注册就必须按照该国缴费要求进行缴费。如果在同样数量的国家申请商标注册,采用马德里商标国际注册方式可以批量注册,费用通常比采用逐一国家注册方式低很多。第二,注册时间较长。采用逐一国家商标注册方式,有些国家商标注册时间较长,例如,印度商标注册需要 4 年左右。通过马德里商标国际注册方式,通常不超过 18 个月。

二、美国商标注册申请代理

(一)商标申请基础

美国商标注册申请有四种基础:第一,实际使用(Actual Use)。商标申请人将商标附在商品上并在美国两个州以上的市场上销售(如果中美之间贸易只要一个州有销售即可),该商标被视为“实际使用”。以此为基础可以向美国专利商标局提出联邦注册。第二,意图使用(Intend－to－Use)。申请商标虽然还未在美国使用,但商标申请人很真诚地打算在美国使用该申请商标。在美国专利商标局审查通过以意图使用为基础提交的商标申请后，商标申请人必须自核准通知书(Notice of Acceptance)下达之日起三年内提交商标在美国使用的声明。否则，该商标申请将被撤销。第三，国内注册(Home Registration)。商标申请人以国内注册为基础向美国专利商标局提交商标申请。在以国内注册为基础时，商标图样必须一模一样，国内指定商品/服务的范围必须大于拟在美国申请保护的商品/服务范围，同时必须递交一份经证明的国内注册证复印件(certified copy)和经宣誓的英文翻译。第四，“本国申请”(Foreign Priority)。根据巴黎公约的规定，在国内申请提交之日起6个月内，可基于国内申请的优先权在美国提交商标申请，以国内的申请日作为在美国的申请日。

(二)商标申请材料

1.商标注册申请书；

2.申请人资格证明一份，如营业执照复印件、护照等身份证明文件等；

3.商标图样；

4.委托商标代理机构办理的，还应提交商标代理委托书；

5.基于实际使用为基础的，提供商标在美国最早使用的日期和使用的样本；

6.基于意向使用为基础的，待申请批准后6个月内提交使用说明书；

7.基于国内注册为基础的，提交国内注册商标证件复印件；

8.基于本国申请为基础的，提交本国注册当局出具的申请文件。

(三)商标申请审查

向美国专利商标局提交商标申请约六个月后，该局审查员将对申请商标进行审查，看是否符合法律规定，是否与已经注册的商标相冲突，然后决定是否可以注册。如果审查员认为只需对商标申请材料做些小改动，则会打电话或者 E－mail 给申请人确定改动事宜。如果认为申请商标不能注册，则会发函给商标申请人说明原因。商标申请人必须在收到函件后 6 个月内答辩，否则被认为放弃申请。商标申请人的答辩不能通过，审查员将发出最终驳回通知书。商标申请人对商标驳回不服，可以向美国专利商标局下设的商标审判上诉委员会进行上诉。如果审查员没有提出要求或申请人答辩成功，美国专利商标局会将申请商标印制在该局的商标公告上，同时向申请人发出通知告知公告日期。

三、日本商标注册申请代理

(一)商标注册要件

日本《商标法》[①]第三条规定,“在自己业务所属商品或服务上使用的商标,除下列商标外,可以获得商标注册:(一)仅仅由该商品或者服务的普通名称采用普通使用方法进行表示的标识构成的商标;(二)该商品或服务惯常使用的商标;(三)仅仅由商品的产地、销售地、质量、原材料、效能、用途、数量、形状(包括包装的形状)、价格、生产或者使用方法和时间,或者服务提供的场所、品质、提供服务所用的物品、效能、用途、数量、样态、价格或者提供方法、时间采用普通使用方法进行的标识构成的商标;(四)仅仅由普通的姓或者名称采用普通使用方法进行表示的标识构成的商标;(五)仅仅由极为简单而且普通的标识构成的商标;(六)除上述各项外,消费者无法识别属于任何人业务所属商品或者服务的商标;”“前款第三项至第五项所列商标经过使用,消费者据此可以识别某人业务所属商品或者服务时,不管该款规定如何,都可以获得商标注册。”日本《商标法》第四条规定了不能获得注册的商标,相当于我国《商标法》第十条。

---

① 李扬译:《日本商标法》,知识产权出版社2011年版。

（二）商标申请材料

在日本申请注册商标，必须向特许厅长官提交以下材料：

1.商标注册申请书；

2.申请人资格证明一份，如营业执照复印件、护照等身份证明文件等；

3.商标图样；

4.委托商标代理机构办理的，还应提交商标代理委托书；

如果希望获得注册的商标是立体形状（包括与文字、图形、记号或者色彩的结合，或者与这些要素结合的结合）构成的商标（即立体商标）时，在提出注册申请时，必须在申请书中声明；如果希望获得注册的商标仅仅由特许厅长官指定的文字（即标准文字）构成时，必须在申请书中声明；如果希望所注册商标的色彩和记载该商标的栏中色彩相同，该色彩不视为该商标的组成部分。但是，明确划定添附的色彩范围，并表明和记载栏中的色彩相同的色彩部分，不在此限。

（三）商标申请审查

日本特许厅收到商标申请材料后，会指定审查员对商标注册申请进行审查。如果商标注册申请违反法律规定，将作出不予核准的决定，并通知商标注册申请人，允许其在规定时间内提出答辩。如果申请注册的商标与申请日前他人已经申请并使用在相同或者类似商标或者服务上的商标相同或者近似、将因他人商标的注册而构成日本《商标法》第十五条第一款规定的情形时，审查员应当将该事由通知商标注册申请人，并允许其在给定期限内提出答辩。如果商标注册申请经审查通过，特许厅必须在商标公告上公开商标注册申请。自商标公告之日起2个月内，任何人都可以向特许厅长官提出注册异议。

四、德国商标注册申请代理

(一)商标注册要件

德国《商标法》[①]第3条规定："可作为商标保护的标志：(一)任何足以将企业的商品或服务与其他企业的商品或服务区别开来的标志，特别是包含人的姓名在内的文字、图形、字母、听觉标志、包含商品或者包装的形状在内的三维外型及其他的包含颜色与颜色组合在内的装潢，可作为商标受保护。(二)仅仅由下列形状之一组成的标志，不可作为商标受保护：1.由商品自身的性质产生的形状；2.为获得技术效果而需有的商品形状；3.使商品具有实质性价值的形状。"德国《商标法》第8条规定了禁止注册商标的情形。在德国，自然人、法人或者具有取得权利和负担债务能力的合伙都可以提出商标申请。

---

① 范长军译.《德国商标法》，知识产权出版社2013年版。

(二)商标申请材料

在德国既可以向专利局递交商标申请,也可以通过联邦司法部在《联邦法律公报》的公告中确定的可以接受商标申请的专利信息中心递交申请。递交的商标申请材料包括:

1.商标注册申请书;

2.申请人身份证明文件;

3.商标图样;

4.委托商标代理机构办理的,还应提交商标代理委托书;

商标申请人可以根据《巴黎公约》的规定,提出外国优先权,并在申请日之后的2个月内告知前申请的时间与国家。商标申请人在德国承认的展览会上使用商标的,可以在展览日之日起6个月期限内主张展览优先权,并在申请日之后的2个月内告知前展览的时间与展会名称。

(三)商标申请审查

德国专利局收到商标申请材料后,会指定审查员对商标注册申请进行审查。如果商标注册申请违反法律规定,将被驳回申请,并通知商标注册申请人,允许其在规定时间内提出答辩。如果商标注册申请符合法律规定,申请商标将予以公告。在商标公告之日起3个月内,在先商标或商业名称的所有人可以对商标注册提起异议,在先为注册商标可以结合法律规定提出异议。

第六章

商标撤销与无效宣告代理

第一节　商标撤销及复审代理

一、商标的撤销方式

(一)依职权撤销

依职权撤销是指商标局依据《商标法》规定主动撤销注册商标。《商标法》第四十九条第一款规定,商标注册人在使用注册商标的过程中,自行改变注册商标、注册人名义、地址或者其他注册事项的,由地方工商行政管理部门责令限期改正;期满不改正的,由商标局撤销其注册商标。自行改变注册商标是指商标权人或者被许可人在实际使用注册商标过程中,擅自改变该商标的文字、图形、字母、数字、立体形状、颜色组合、音符等,导致注册商标的显著特征发生变化。自行改变注册商标的注册人名义、地址或者其他注册事项是指,商标注册人的名义(姓名或企业名称)、注册地址或其他注册事项发生变更,未依法向商标局提出变更申请,致使名义、地址或其他事项与《商标登记簿》上的记载不一致。

(二)依申请撤销

依职权撤销是指商标局依据自然人或单位的申请,按照《商标法》规定撤销注册商标。《商标法》第四十九条第二款规定,注册商标成为其核定使用的商品的通用名称或者没有正当理由连续三年不使用的,任何单位或者个人可以向商标局申请撤销该注册商标。商标局应当自收到申请之日起 9 个月内做出决定。有特殊情况需要延长的,经国务院工商行政管理部门批准,可以延长 3 个月。注册商标成为其核定使用的商品的通用名称,是指由于商标注册人对其注册商标的不当使用行为或未能及时有效制止他人对其商标的淡化行为,导致相关公众认为该注册商标就是其所标志的商品或服务的通用名称,例如"优盘"商标。注册商标无正当理由连续 3 年不使用是指,一个注册商标在有效期内连续 3 年以上未被有效使用。商标的使用,是指将商标用于商品、商品包装或者容器以及商品交易文书上,或者将商标用于广告宣传、展览以及其他商业活动中,用于识别商品来源的行为。无正当理由是指不可抗力、政府政策性限制、破产清算和其他不可归责于商标注册人的正当事由。连续 3 年的计算是从商标撤销申请人向商标局申请撤销该注册商标之日起向前推算 3 年。

二、商标撤销与商标无效的区别

(一)理由不同

商标撤销的理由主要包括:第一,自行改变注册商标、注册人名义、地址或者其他注册事项的;第二,注册商标成为其核定使用的商品的通用名称;第三,没有正当理由连续3年不使用注册商标。商标无效的理由主要包括:第一,欠缺注册的绝对条件,即注册商标违反法律禁止性规定、不具备显著特征等;第二,注册商标侵犯在先权利,即侵犯他人在先申请注册的商标权或其他在先民事权利;第三,商标注册人违反诚实信用原则,例如,擅自通过被代理人或者被代表人等不正当手段获得商标注册。

(二)期限不同

商标撤销没有时间限制,因为撤销事由的发生是不确定的。只要出现《商标法》规定的撤销事由,商标局就可以根据法律规定撤销注册商标。商标无效宣告的期限规定有两种情况:第一,没有期限。对于违反商标注册禁止性规定的或以欺骗等不正当手段取得注册的注册商标,商标局依职权或商标评审委员会依申请任何时间都可以宣告注册商标无效。对于恶意侵犯驰名商标权益获得注册的商标,驰名商标所有人申请宣告该商标无效也不受时间的限制。第二,5年期限。注册商标侵犯在先权利的,自商标注册之日起5年内，在先权利人或者利害关系人可以请求商标评审委员会宣告该注册商标无效。设定5年期限主要是考虑社会关系及市场秩序的稳定性等公益因素。

(三)法律后果不同

注册商标被撤销后，商标权从撤销之日起失效。《商标法》第五十五条第二款规定，被撤销的注册商标，由商标局予以公告，该注册商标专用权自公告之日起终止。注册商标被宣告无效后，注册商标专用权视为自始即不存在。宣告注册商标无效的决定或者裁定，对宣告无效前人民法院做出并已执行的商标侵权案件的判决、裁定、调解书和工商行政管理部门做出并已执行的商标侵权案件的处理决定以及已经履行的商标转让或者使用许可合同不具有追溯力。但是，因商标注册人的恶意给他人造成的损失，应当给予赔偿。依照前款规定不返还商标侵权赔偿金、商标转让费、商标使用费，明显违反公平原则的，应当全部或者部分返还。

三、商标撤销代理

注册商标撤销代理主要有两类：第一类是撤销成为商品服务通用名称的注册商标；第二类是撤销连续3年不使用的注册商标。撤销连续3年不使用的注册商标又可以分为两种情况，一种是针对被申请撤销商标的全部核定使用商品提出，另一种是针对被申请商标的部分核定使用商品提出。提起注册商标撤销所需材料包括以下几种：

第一，撤销成为商品服务通用名称注册商标申请书或撤销连续三年不使用注册商标申请书；

第二，撤销理由说明，可以在申请书中直接写，也可以单独写然后附在申请书后面；

第三，商标代理委托书；

第四，申请人的主体资格证明文件。

商标局受理商标撤销申请后，应当通知商标注册人，限定商标注册人自收到通知之日起2个月之内提交答辩书及相关证据材料。商标注册人期满没有答辩的，不影响商标局作出决定。商标局应当自收到申请之日起9个月内做出决定。有特殊情况需要延长的，经国务院工商行政管理部门批准，可以延长3个月。

撤销连续三年不使用注册商标申请书

申请人名称：

申请人地址：

邮政编码：

联系人：

电话：

代理机构名称：

商标注册人：

商标注册号：

商标：

类别：

撤销商品/服务项目：

撤销理由：

申请人章戳(签字)：

代理机构章戳：

代理人签字：

四、商标撤销复审代理

对商标局撤销或者不予撤销注册商标的决定，当事人不服的，可以自收到通知之日起15日内向商标评审委员会申请复审。注册商标撤销复审代理需要提交的材料包括：

第一，撤销注册商标复审申请书（首页）；

第二，撤销注册商标复审申请书（正文）；

第三，商标评审代理委托书；

第四，申请人的主体资格证明文件；

第五，证据目录及证据材料。

商标评审委员会受理商标撤销复审申请后应当及时将申请书副本送交对方当事人，限其自收到申请书副本之日起30日内答辩；期满未答辩的，不影响商标评审委员会的评审。商标评审委员会应当自收到申请之日起9个月内做出决定，并书面通知当事人。有特殊情况需要延长的，经国务院工商行政管理部门批准，可以延长3个月。当事人对商标评审委员会的决定不服的，可以自收到通知之日起30日内向人民法院起诉。

撤销注册商标复审申请书

（首页）

复审商标：

类别：

注册号/国际注册号：

商标局发文号：

申请人名称：

通信地址：

邮政编码：

联系人：

联系电话(含区号)：

商标代理机构名称：

联系人：

联系电话(含区号)：

被申请人名称：

是否需要提交补充证据材料：是□；□否

申请人章戳(签字)：　　　　　　商标代理机构章戳

　　　　　　　　　　　　　　　代理人签字：

年　　月　　日　　　　　　　　年　　月　　日

撤销注册商标复审申请书

（正文样式）

申请人名称：

通信地址：

法定代表人或负责人姓名：

职务：

商标代理机构名称：

地址：

评审请求与法律依据：

◆案例四◆　关于第7646787号"童年不同儿童成长俱乐部及图"商标撤销复审决定书[①]

商评字[2017]第0000055166号

申请人(原撤销申请人):上海硕律管理咨询有限公司

委托代理人:上海硕力知识产权代理事务所

被申请人(原撤销被申请人):宁波江东奇遇教育软件科技有限公司

委托代理人:宁波致远方舟知识产权代理有限公司

申请人因第7646787号"童年不同 EXCELLENT BABYHOOD CHILDREN'S CLUB 儿童成长俱乐部及图"商标(以下称复审商标)撤销一案,不服商标局商标撤三字[2016]第Y005494号决定,于2016年07月28日向我委申请复审。我委依法受理后,依照《商标评审规则》第六条的规定,组成合议组依法进行了审理,现已审理终结。

商标局决定认为,被申请人提供的其在2012年11月19日至2015年11月18日期间(以下称指定期间)的商标使用证据有效,根据《商标法》第四十九条及《商标法实施条例》第六十六条、第六十七条的规定,决定驳回申请人的撤销申请,对复审商标的注册不予撤销。

申请人复审的主要理由:经申请人调查了解,复审商标在其指

① 关于第7646787号"童年不同儿童成长俱乐部及图"商标撤销复审决定书,http://www.saic.gov.cn/spw/psws/201707/t20170717_267665.html,2017年7月31日登录。

定使用服务上未实际使用，申请人请求对被申请人提供的所有证据进行质证。申请人请求依法撤销复审商标在全部服务上的注册。

被申请人答辩的主要理由：一、被申请人已向商标局提交了真实有效的复审商标使用证据。二、申请人及其代理人具有恶意提出撤销申请，扰乱正常市场秩序的故意，应予制止。综上，请求依法维持复审商标的注册。

被申请人向我委提交了用以证明申请人与其代理人关联关系的材料作为主要证据。

经审理查明：复审商标由被申请人于2009年8月25日提出注册申请，于2011年1月7日获准注册，核定使用在第41类教育、培训、节目制作等服务上。

被申请人在商标局撤销程序中提交了以下主要证据：一、被申请人与宁波镇海毓隆教育科技有限公司签订的品牌专营店合作协议；二、与证据一合作协议相对应的收据；三、被申请人与宁波市童年文化传播有限公司签订的合作协议；四、与证据三合作协议相对应的收据；五、宁波童年不同文化传播有限公司与朱文红签订的入会协议以及朱文红付款给奇遇教育三的交易凭条；六、被申请人的微博主页；七、童年不同儿童成长俱乐部宣传页。

我委认为，首先，虽然被申请人提交的证据1与证据2、证据3与证据4能够分别互相对应，但是证据2、证据4的收据缺乏公信力，仅凭该两份收据，在并无其他具有公信力的证据予以佐证的情况下，难以确认证据1、证据2合作协议书的真实签订及实际履行情况。其次，被申请人提交的证据5中，虽然交易凭条显示的交款人、交款时间和交款金额与被申请人同时提交的《童年不同儿童成长俱乐部入会协议》所载内容相符，但是交易凭条显示的收款商户名称为“奇遇教育三”，与协议签订主体宁波童年不同文化传播有限公司名称不符，并且在案并无证据证明宁波童年不同文化传播有限公司、“奇遇教育三”商户与证据1、证据2显示的合作协议签订方或者被申请人的关系，难以认定证据5系被申请人或者其他合法使用人对复审商标的有效使用。再次，被申请人提交的证据6系手机界面截图，未经证据保全难以确定其显示内容的真实性，并且该图片所涉微博主页显示的微博头像及微博名称均可自行设置和修改，在缺乏其他具有公信力的证据佐证的情况下，难以仅凭该证据显示的内容认定被申请人在指定期间内对复审商标进行了真实公开的使用。最后，被申请人提交的证据7系自制证据，在缺乏其他有效证据佐证的情况下难以确定宣传材料的形成时间及实际投入市场的情况。综上，被申请人提交的在案证据无法证明复审商标在指定期间内在核定服务上进行了商标法意义上的使用，复审商标的注册应予撤销。申请人提出撤销申请是否具有恶意不属于本案审理范围，我委不予评述。

依照修改前《中华人民共和国商标法》第四十四条第(四)项和《中华人民共和国商标法》第五十四条、第五十五条的规定，我委决定如下：

复审商标予以撤销。

当事人如不服本决定，可以自收到本决定书之日起三十日内向北京知识产权法院起诉，并在向法院递交起诉状的同时或者至迟十五日内将该起诉状副本抄送或者另行书面告知我委。

合议组成员：黄　旳

刘胤颖

张　文

2017 年 05 月 15 日

第二节　商标无效宣告代理

一、商标的无效宣告方式

（一）依职权的无效宣告

依职权的无效宣告是指，商标局依据《商标法》的规定，主动宣告已经注册的商标无效。《商标法》第四十四条第一款规定，已经注册的商标，违反本法第十条、第十一条、第十二条规定的，或者是以欺骗手段或者其他不正当手段取得注册的，由商标局宣告该注册商标无效。

(二)依申请的无效宣告

依申请的无效宣告是指，根据其他单位或者个人的申请，商标评审委员会宣告已经注册的商标无效。依申请的无效宣告包括两种情况：第一种是已经注册的商标，违反本法第十条、第十一条、第十二条规定的，或者是以欺骗手段或者其他不正当手段取得注册的，其他单位或者个人可以请求商标评审委员会宣告该注册商标无效；第二种是已经注册的商标，违反本法第十三条第二款和第三款、第十五条、第十六条第一款、第三十条、第三十一条、第三十二条规定的，自商标注册之日起 5 年内，在先权利人或者利害关系人可以请求商标评审委员会宣告该注册商标无效。对恶意注册的，驰名商标所有人不受 5 年的时间限制。

二、商标无效宣告代理

无效宣告申请人向商标评审委员会请求宣告已经注册的商标无效，申请人应当提交的材料包括：

第一，注册商标无效宣告申请书(首页)；

第二，注册商标无效宣告申请书(正文)；

第三，争议初步审定公告页和注册公告页复印件；

第四，申请人的主体资格证明文件；

第五，商标代理委托书；

第六，证据目录和证据材料。

申请人需要在提出商标无效宣告申请后补充有关证据材料的，应当在无效宣告申请书中声明，并自提交申请书之日起3个月内提交；期满未提交的，视为放弃补充有关证据材料。

商标评审委员会对符合受理条件的无效宣告申请发出受理通知书，并将无效宣告申请书副本送达被申请人，要求被申请人在收到无效宣告申请书副本及无效宣告答辩通知书之日起30天内，向商标评审委员会提交书面答辩理由和相应证据材料。被申请人（答辩人）提交的无效宣告答辩材料包括：

第一，无效宣告答辩书；

第二，争议初步审定公告页和注册公告页复印件；

第三，被申请人主体资格证明文件；

第四，商标代理委托书；

第五，证据目录及证据材料；

答辩人未按照规定期限进行答辩或者不提出答辩意见，被视为放弃答辩，不影响商标评审委员会对无效宣告案件的审理和裁决。

无效宣告过程中存在证据交换程序：商标评审委员会将答辩人提交的答辩理由和证据材料送达无效宣告申请人，要求无效宣告申请人在收到证据交换通知书以及答辩书副本之日起30天内，向商标评审委员会一次性提交质证意见和相应证据材料。[①] 无效宣告申请人不提交质证意见和证据，不影响商标评审委员会对案

① 张锐、李石编：《商标实务指南》，法律出版社2015年版，第96页。

件的审理和裁决。商标评审委员会审理注册商标无效宣告案件，应当针对当事人申请和答辩的事实、理由及请求进行审理。

对于依据不同理由向商标评审委员会提起的无效宣告申请，有不同的审理期限。对于违反本法第十条、第十一条、第十二条规定的，或者是以欺骗手段或者其他不正当手段取得注册的商标提起无效宣告，商标评审委员会应当自收到申请之日起9个月内做出维持注册商标或者宣告注册商标无效的裁定，并书面通知当事人。有特殊情况需要延长的，经国务院工商行政管理部门批准，可以延长3个月。对于违反本法第十三条第二款和第三款、第十五条、第十六条第一款、第三十条、第三十一条、第三十二条规定取得注册的商标提起无效宣告，商标评审委员会应当自收到申请之日起12个月内做出维持注册商标或者宣告注册商标无效的裁定，有特殊情况需要延长的，经国务院工商行政管理部门批准，可以延长6个月。

注册商标无效宣告申请书

（首页）

争议商标：

类别：

注册号/国际注册号：

★引证商标：

★类别：

★申请号/注册号/国际注册号：

申请人名称：

通信地址：

邮政编码：

联系人：

联系电话(含地区号)：

商标代理机构名称：

联系人：

联系电话(含地区号)：

被申请人名称：

地址：

是否需要提交补充证据材料： 是□； □否

申请人章戳(签字)：

年　　月　　日

商标代理机构章戳

代理人签字：

年　　月　　日

注册商标无效宣告申请书

（正文样式）

申请人名称：

通信地址：

法定代表人或负责人姓名：

职务：

商标代理机构名称：

地址：

被申请人名称：

址址：

评审请求与法律依据：

事实与理由：

附件：

申请人章戳(签字)：

年　　月　　日

商标代理机构章戳

代理人签字：

年　　月　　日

三、商标无效宣告复审代理

商标局做出宣告注册商标无效的决定，应当书面通知当事人。当事人对商标局的决定不服的，可以自收到通知之日起 15 日内向商标评审委员会申请复审。注册商标无效宣告复审申请人提交的材料包括：

第一，注册商标无效宣告复审申请书（首页）；

第二，注册商标无效宣告复审申请书（正文）；

第三，申请人的主体资格证明文件；

第五，商标代理委托书；

第六，证据目录和证据材料。

商标评审委员会审理不服商标局宣告注册商标无效决定的复审案件，应当针对商标局的决定和申请人申请复审的事实、理由及请求进行审理。商标评审委员会应当自收到申请之日起 9 个月内做出决定，并书面通知当事人。有特殊情况需要延长的，经国务院工商行政管理部门批准，可以延长 3 个月。

注册商标无效宣告复审申请书

（首页）

复审商标：
类别：
注册号/国际注册号：
商标局发文号：
申请人名称：
通信地址：
邮政编码：
联系人：
联系电话(含地区号)：

商标代理机构名称：
联系人：
联系电话(含地区号)：

是否需要提交补充证据材料： 是□； 否□

申请人章戳(签字)：

商标代理机构章戳
代理人签字：

注册商标无效宣告复审申请书

（正文样式）

申请人名称：

通信地址：

法定代表人或负责人姓名：

职务：

商标代理机构名称：

地址：

评审请求与法律依据：

事实与理由：

附件：

申请人章戳（签字）：

年　　月　　日

商标代理机构章戳

代理人签字：

年　　月　　日

◆案例五◆

关于第12121789号"欧普森"商标无效宣告请求裁定书①

商评字[2017]第0000049421号

申请人:欧普照明股份有限公司

委托代理人:立方联合(北京)商标事务所有限公司

被申请人:高书平

申请人于2016年07月01日对第12121789号"欧普森"商标(以下称争议商标)提出无效宣告请求。我委依法受理后,依照《商标评审规则》第六条的规定,组成合议组依法进行了审理,现已审理终结。

申请人的主要理由:争议商标与申请人在先注册的第1424486号"欧普OPPLE及图"商标(以下称引证商标一)、第1714252号"OPPLE及图"商标(以下称引证商标二)、第1726095号"欧普及图"商标(以下称引证商标三)、第4426528号"欧普"商标(以下称引证商标四)构成使用在类似商品上的近似商标。申请人"欧普OPPLE"系列商标是申请人具有极高知名度的驰名商标。争议商标的注册系对申请人驰名商标的恶意复制、摹仿,侵犯申请人的合法权益,易造成消费者的混淆误认。综上,根据《民法通则》第四条,《商标法》第七条第一款、第九条

① 关于第12121789号"欧普森"商标无效宣告请求裁定书,http://www.saic.gov.cn/spw/psws/201707/t20170717_267664.html,2017年7月31日登录。

第一款、第十三条第三款、第三十条、第四十四条第一款、第四十五条第一款的规定，请求对争议商标予以无效宣告。

申请人向我委提交了以下主要证据(均为复印件)：

1.认定引证商标一为驰名商标的裁定书；

2.申请人企业信息；

3.申请人名下商标相关信息、商标许可合同；

4.广告合同、发票、图片及相关宣传报道；

5."欧普 OPPLE"专卖店照片、产品及外包装照片；

6.申请人、商标及产品所获荣誉；

7.申请人从事公益事业的相关材料；

8.销售证明、审计报告等相关销售情况材料；

9.相关裁定书、判决书。

被申请人在我委规定期限内未予答辩。

经审理查明：1.争议商标由被申请人于2013年1月30日向商标局提出注册申请，于2014年4月20日初审公告。申请人于2014年7月17日对争议商标提出异议申请，经商标局异议决定准予注册，并于2016年1月14日获准注册公告，核定使用在第9类"电视机、运载工具用无线电设备"等商品上。至本案审理时止，争议商标为有效注册商标。

2.引证商标一由中山市古镇绿明节能灯饰厂于1999年2月14日向商标局提出注册申请，于2000年4月21日初审公告，并于2000年7月21日获准注册公告，核定使用在第11类"灯、日光灯管"商品上。经商标局核准经转让、名义变更，现注册人为欧普照明股份有限公司，即本案申请人。经续展，商标专用权至2020年7月20日。

3.引证商标二由中山市欧普照明有限公司于2000年12月27日向商标局提出注册申请，于2001年11月14日初审公告，并于2002年2月14日获准注册公告，核定使用在第9类“灯光调节器（电）、报警器、电视机”等商品上。经商标局核准经转让、名义变更，现注册人为欧普照明股份有限公司，即本案申请人。经续展，商标专用权至2022年2月13日。

4.引证商标三、四所有人均为本案申请人，经我委撤销复审决定予以撤销，至本案审理时止，该决定已生效。

5.我委在商评字（2007）第6570号关于第3024602号商标争议裁定书中认定引证商标一已构成“灯、日光灯管”商品上的驰名商标。

6.申请人提交的广东省著名商标证书、行业协会证明等证据可以证明，在争议商标申请注册前，申请人使用在灯具商品上的“欧普 OPPLE”系列商标经长期宣传使用已具有一定知名度。

以上事实有商标档案及申请人提交的证据予以在案佐证。

我委认为，鉴于《民法通则》第四条、《商标法》第七条第一款、第九条第一款已体现在《商标法》相关条款中。根据当事人的理由、事实和请求，本案的焦点问题可归纳为：

一、争议商标的注册是否违反《商标法》第三十条的规定。

商标近似是指商标文字的字形、读音、含义或者图形的构图及颜色，或者其各要素组成后的整体结构相似，或者其立体形状、颜色组合近似，易使相关公众对商品的来源产生误认或者认为其来源与注册商标的商品有特定的联系。判断商标近似，应当以相关公众的一般注意力为标准，既要进行整体比对，又要进行主要部分的比对。同时，在判断商标是否近似时，应当考虑请求保护商标的显著性和知名度。本案中，鉴于引证商标三、四已无效，故其与争议商标的权利冲突已不存在。争议商标核定使用的"电视机、运载工具用无线电设备"等商品与引证商标一核定使用的"灯、日光灯管"商品不属于同一种或类似商品。故争议商标与引证商标一未构成《商标法》第三十条规定的情形。根据申请人提交的证据及我委查明事实可以证明，申请人"欧普OPPLE"商标在争议商标申请注册前已具有一定的知名度。且经过申请人的广泛宣传，"欧普"与英文"OPPLE"已形成了对应关系。争议商标为普通印刷体纯文字商标"欧普森"，与引证商标二对应文字"欧普"在文字构成、呼叫等方面相近，且未形成明显有别于引证商标二的其他含义，构成近似标识。争议商标核定使用的"电视机、运载工具用无线电设备"等商品与引证商标二核定使用的"灯光调节器(电)、报警器、电视机"等商品在消费对象、消费渠道等方面具有一定的共同性，在申请人各引证商标具有一定知名度的情况下，易造成消费者的混淆误认，属于同一种或类似商品。争议商标与引证商标二使用在上述同一种或类似商品上，易造成消费者的混淆和误认，已构成使用在同一种或类似商品上的近似商标。故争议商标的注册已违反《商标法》第三十条的规定。

二、争议商标的注册是否违反《商标法》第四十四条第一款的规定。

《商标法》第四十四条第一款所指的“其他不正当手段”系指除欺骗手段以外的扰乱商标注册秩序、损害公共利益、不正当占用公共资源或者以其他方式谋取不正当利益的手段。本案中，争议商标不存在上述条款所规定情形，未违反《商标法》第四十四条第一款的规定。

此外，鉴于我委已基于申请人在先商标权对争议商标予以无效宣告，申请人商标已获法律保护，故本案不再适用《商标法》第十三条第三款之规定予以审理。

申请人其他理由缺乏事实和法律依据，我委均不予支持。

依照《中华人民共和国商标法》第三十条、第四十五条第一款、第二款和第四十六条的规定，我委裁定如下：

争议商标予以无效宣告。

当事人如不服本裁定，可以自收到本裁定书之日起三十日内向北京知识产权法院起诉，并在向人民法院递交起诉状的同时或者至迟十五日内将该起诉状副本抄送或者另行书面告知我委。

合议组成员：庞　敏

康陆军

赵虹娟

2017 年 05 月 02 日

第七章

商标许可、转让、质押代理

第一节　商标使用许可

一、商标使用许可概述

商标使用许可是指商标权人或其授权人将注册商标许可给他人使用,被许可人支付商标许可使用费的行为。商标专用权属于财产权范畴。商标权人对注册商标享有占有、使用、收益、处分四项权能。商标使用许可本质上就是商标权人可以注册商标的使用权、收益权进行转让的行为。《最高人民法院关于审理商标民事纠纷案件适用法律若干问题的解释》将商标使用许可分为三种形式,独占使用许可、排他使用许可和普通使用许可。

独占使用许可,是指商标注册人在约定的期间、地域和以约定的方式,将该注册商标仅许可一个被许可人使用,商标注册人依约定不得使用该注册商标。独占使用被许可人的商标使用权几乎具有与商标权人的商标专用权同等的法律地位。独占使用被许可人不仅可以依约定使用商标,而且当商标权被侵权时,独占使用被许可人可以以自己的名义向商标主管部门投诉或者向法院提起商标侵权诉讼。

排他使用许可，是指商标注册人在约定的期间、地域和以约定的方式，将该注册商标仅许可一个被许可人使用，商标注册人依约定可以使用该注册商标但不得另行许可他人使用该注册商标。在排他使用许可当中，如果出现商标侵权行为，排他使用被许可人可以和商标注册人共同提起商标侵权诉讼；或者在商标注册人不起诉或者怠于起诉时，排他使用被许可人可以单独提起商标侵权诉讼。

普通使用许可，是指商标注册人在约定的期间、地域和以约定的方式，许可他人使用其注册商标，并可自行使用该注册商标和许可他人使用其注册商标。当出现商标侵权行为时，普通使用许可的被许可人只有经过商标注册人明确授权的情况下，才有权利提起商标侵权诉讼。

二、商标使用许可合同

《商标使用许可合同备案办法》规定，商标使用许可合同至少应当包括下列内容：（一）许可使用的商标及其注册证号；（二）许可使用的商品范围；（三）许可使用期限；（四）许可使用商标的标识提供方式；（五）许可人对被许可人使用其注册商标的商品质量进行监督的条款；（六）在使用许可人注册商标的商品上标明被许可人的名称和商品产地的条款。

签订商标使用许可合同的注意事项包括：第一，确定许可人是否是被许可商标的注册人；第二，确定许可使用的商标与注册商标是否一致；第三，许可使用商标的注册证号与所提供商标注册证号是否相符；第四，许可使用期限是否超过该注册商标的有效期限；第五，许可使用的商品或服务是否超出该注册商标核定使用范围；第六，许可合同中应当明确是否允许被许可人再许可。

三、商标使用许可备案代理

根据《商标法》的规定，许可他人使用其注册商标的，许可人应当将其商标使用许可报商标局备案，由商标局公告。商标使用许可未经备案不得对抗善意第三人。根据不同情形，许可人在许可合同有效期内报送的备案材料如下：

（一）商标使用许可备案或再许可备案材料

第一，商标使用许可备案表；

第二，许可人/被许可人的身份证明文件复印件；

第三，再许可的，还需报送注册人同意注册商标使用再许可授权书；

第四，委托商标代理机构办理的，提交商标代理委托书。

（二）变更许可人/被许可人名称备案材料

第一，变更许可人/被许可人名称备案表；

第二，变更后的身份证明文件复印件；

第三，有关登记机关出具的变更证明文件原件；

第四，委托商标代理机构办理的，提交商标代理委托书。

（三）商标使用许可提前终止备案材料

第一，商标使用许可提前终止备案表；

第二，许可人/被许可人的身份证明文件复印件；

第三，委托商标代理机构办理的，提交商标代理委托书。

（四）撤回商标使用许可备案材料

第一，撤回商标使用许可备案表；

第二，许可人/被许可人的身份证明文件复印件；

第三，委托商标代理机构办理的，提交商标代理委托书。

商标使用许可备案表

许可人名称(中文):
(英文):
许可人地址(中文):
(英文):
被许可人名称(中文):
(英文):
被许可人地址(中文):
(英文):
邮政编码:
联系人:
电话:
代理机构名称:
商标注册号:
是否共有商标:□是　　□否
再许可:□是
许可人原备案号:
许可期限:
许可使用的商品/服务项目(分类填写):

许可人章戳(签字):　　被许可人章戳(签字):　　代理机构章戳:

变更许可人/被许可人名称备案表

许可人名称(中文):

(英文):

许可人地址(中文):

(英文):

邮政编码:

联系人:

电话:

代理机构名称:

商标注册号:

是否共有商标:□是　　□否

备案号:

变更前许可人名称(中文):

(英文):

变更前被许可人名称(中文):

(英文):

变更后被许可人名称(中文):

(英文):

许可人章戳(签字):　　被许可人章戳(签字):　　代理机构章戳:

商标使用许可提前终止备案表

许可人名称(中文)：

(英文)：

许可人地址(中文)：

(英文)：

被许可人名称(中文)：

(英文)：

被许可人地址(中文)：

(英文)：

邮政编码：

联系人：

电话：

代理机构名称：

商标注册号：

是否共有商标： □是 □否

原商标使用许可备案号：

提前终止日期：

提前终止理由：

许可人章戳(签字)：　　被许可人章戳(签字)：　　代理机构章戳：

撤回商标使用许可备案表

许可人名称(中文)：

(英文)：

许可人地址(中文)：

(英文)：

被许可人名称(中文)：

(英文)：

被许可人地址(中文)：

(英文)：

邮政编码：

联系人：

电话：

代理机构名称：

商标注册号：

原使用许可备案申请号：

是否共有商标：□是　　□否

撤回理由：

许可人章戳(签字)：　　　　被许可人章戳(签字)：　　　　代理机构章戳：

◆案例六◆ 报喜鸟公司与金鸡公司商标使用许可合同纠纷案[1]

基本案情:涉案商标的注册人为报喜鸟公司,商标图样为,有效期经核准续展至2021年6月6日,核定使用于第25类的服装、雨衣、鞋、帽、袜、手套(服装)、领带、婴儿全套衣以及游泳衣。

报喜鸟公司、金鸡公司于2009年7月8日签订了许可合同,约定:报喜鸟公司将涉案商标许可给金鸡公司使用在25类服装、鞋、帽、袜商品上;许可使用的形式为普通许可;许可使用的期限自2009年7月10日起至2011年6月6日止;金鸡公司不得任意改变涉案商标的文字、图形或其组合,并不得超越许可的商品范围使用涉案商标;金鸡公司如果违约,报喜鸟公司有权中止履行,并要求赔偿经济损失;其他具体事项另见补充协议xk20090710—1;本合同一式叁份,自签订之日起三个月内,由报喜鸟公司报送商标局备案;等等。2009年7月10日,双方又签订了补充协议,约定:金鸡公司承诺仅在运动衫、T恤衫、外套、跑鞋、帽、运动袜商品上使用涉案商标;商标许可使用费五年为50万元;如果本协议所述的产品与目前、今后生产的使用涉案商标的产品,或金鸡公司下属、附属机构生产的使用涉案商标的产品相矛盾,报喜鸟公司有权终止协议,终止协议的书面通知金鸡公司10天后生效,金鸡公司可在协议终止后30天内处理有关产品;未经报喜鸟公司授权,金鸡公司不得以任何形式和理由将涉案商标许可第三方使用,或违反本协议约定超品种、超区域生产销售,否则为违约,报喜鸟公司有权要求金鸡公司支付违约金10万元,且有权终

① 参见中国裁判文书网温州市中级人民法院(2011)浙温知初字第88号,http://wenshu.court.gov.cn/Content/Content? DocID=d940783f-f146-439c-877d-b2b648dfe935,2017年8月1日登录。

止协议;等等。2009年7月24日,报喜鸟公司将许可合同报商标局备案。商标局于2010年3月10完成备案,并于2010年5月13日予以公告。根据公告,涉案商标许可使用的商品为服装、鞋、帽、袜,许可使用的期限自2009年7月10日至2011年6月6日。

根据(2011)沪黄证经字第2048号、第2239号公证书的记载,2011年3月17日,公证人员会同报喜鸟公司的委托代理人李晶晶先后来到福建省晋江市陈埭七一路1058号金鸡大厦1层、晋江市阳光路153号金鸡时尚休闲馆,购得男针织圆领短T、男针织夹克、女牛仔裤、男牛仔裤各一条,并当场取得相应的购物凭证。该二份公证书所附照片显示,男针织圆领短T、男针织夹克上使用了涉案商标的图形部分,女牛仔裤、男牛仔裤所带的标签上标注了涉案商标。

2011年3月24日,报喜鸟公司向金鸡公司送达了解除合同通知书(向三个地址邮寄)。报喜鸟公司在解除合同通知书中通知金鸡公司解除上述二份合同,要求金鸡公司停止使用涉案商标并赔偿违约金10万元。2011年3月29日,金鸡公司向报喜鸟公司寄送了关于不同意解除上述二份合同的通知书,通知报喜鸟公司不同意解除上述二份合同。

报喜鸟公司诉称:该公司仅授权金鸡公司在运动衫、T恤衫、外套、跑鞋、帽、运动袜商品上使用涉案商标,金鸡公司不得超越被许可商品范围使用,并且不得任意改变涉案商标的文字、图形或其组合。但是,在上述二份合同履行过程中,金鸡公司在被许可商品上只使用了涉案商标的图形部分,还超越被许可商品范围,在未经报喜鸟公司授权的裤子商品上使用涉案商标。报喜鸟公司于2011年3月21日,向金鸡公司发出了《解除合同通知书》,通知金鸡公司解除上述二份合同。金鸡公司辩称:许可合同及补充协议签订后,其按期支付了前两年的许可使用费,并按约定在核定的商品上使用该商标,也从未任意改变该商标。

判决结果:法院认为,报喜鸟公司、金鸡公司签订的二份合同均系双方当事人的真实意思表示,合法有效。根据许可合同"其他具体事项另见补充协议 xk20090710－1"之约定,在二份合同的约定没有冲突的情况下,二者的关系应当理解为相互补充的关系,并非补充协议作为在后形成的合同取代了许可合同,从而使得许可合同不再具有法律效力。但在二者约定有冲突的情况下,应以在后形成的补充协议的约定为准。就二份合同关于许可使用的商品种类范围而言,许可合同约定的是服装、鞋、帽、袜,而补充协议约定的是运动衫、T 恤衫、外套、跑鞋、帽、运动袜,二者存在冲突,即许可合同的范围要大于补充协议的范围,此时应以在后形成的补充协议的约定为准。虽然报喜鸟公司提交商标局备案的确实是许可合同,且该许可合同已经商标局公告,但是,商标使用许可合同的备案程序并不能妨碍补充协议的持续生效。况且,许可合同中已经明确约定由报喜鸟公司以许可合同向商标局报备。所以,金鸡公司提出应以报喜鸟公司提交商标局备案的许可合同作为双方最后的意思表示的抗辩不能成立。金鸡公司还提出补充协议的条文表述为"乙方承诺仅在……"该种表述并不意味着其无权在其他商品上使用涉案商标。补充协议的这一表述明确地记载了金鸡公司使用涉案商标的商品范围,对其当然具有约束力,其上述抗辩亦不能成立。综前,金鸡公司获许可使用涉案商标的商品范围应以补充协议为准,即使用在运动衫、T 恤衫、外套、跑鞋、帽、运动袜商品上。《中华人民共和国合同法》第六十条第一款规定,当事人应当按照约定全面履行自己的义务,金鸡公司在牛仔裤产品上使用涉案商标的行为已经违反了补充协议。

根据许可合同的约定,金鸡公司不得任意改变涉案商标的文字、图形或其组合。金鸡公司提出其在T恤衫、外套商品上使用了涉案商标的图形部分属于商标的合理使用，没有违反该约定。判定金鸡公司是否违反了该约定，关键在于金鸡公司是否任意改变了涉案商标的文字、图形或其组合。涉案商标系图形与文字组合商标，单独使用图形或者单独使用文字均应被认定为“任意改变了涉案商标的组合”。金鸡公司未按照合同的约定使用涉案商标标识，已经违反了许可合同的约定，亦构成违约。

补充协议约定，金鸡公司超越报喜鸟公司许可的商品种类范围使用涉案商标时，报喜鸟公司有权终止协议。该规定的内容应当理解为报喜鸟公司、金鸡公司就合同的解除约定了条件，在解除合同的条件成就时，解除权人可以解除合同，符合《中华人民共和国合同法》第九十三条第二款的规定。《中华人民共和国合同法》第九十六条第一款规定，当事人一方依照本法第九十三条第二款、第九十四条的规定主张解除合同的，应当通知对方。合同自通知到达对方时解除。对方有异议的，可以请求人民法院或者仲裁机构确认解除合同的效力。本案中，报喜鸟公司已经依法向金鸡公司送达了解除合同的通知书，在金鸡公司提出异议时，请求本院确认解除合同的效力。本院注意到补充协议约定，在金鸡公司使用涉案商标的商品种类与报喜鸟公司许可的商品种类存在矛盾时，解除合同的通知书到达金鸡公司10天后生效，金鸡公司在合同解除后有30天时间处理库存产品及接到解除通知前正在生产的产品。该约定没有违反法律、法规的强制性规定，且报喜鸟公司解除合同的通知到达金鸡公司早已届满10天。因此，报喜鸟公司的诉讼请求应予以支持。另，金鸡公司已无权在其生产、销售的产品上使用涉案商标，故报喜鸟公司诉讼请求二中关于要求金鸡公司立即停止使用涉案商标的请求予以支持，至于要求其在三十天内销除库存产品以及代理商和销售商处产品上的涉案商标标识已在要求停止使用的范围之内，不宜重复支持。最后，根据《中华人民共和国合同法》第一百零七条的规定，金鸡公司还应承担赔偿损失等违约责任。《中华人民共和国合同法》第一百一十四条规定，当事人可以约定一方违约时应当根据违约情况向对方支付一定数额的违约金，也可以约定因违约产生的损失赔偿额的计算方法，本案中，报喜鸟公司主张依据补充协议关于违约金的约定要求金鸡公司支付违约金10万元具有法律和事实依据，亦应予以支持。

第二节　商标转让代理

一、商标转让概述

商标转让是指商标权人按照一定的条件将自己的注册商标专用权或申请权转让给他人，并经过商标局审核同意的行为。商标权是财产权，属于私权的范畴，基于商标权的财产属性，商标自由转让不仅是意思自治原则的体现，而且也是利益最大化的需求，最重要的是商标自由转让是权利人实现财产权利的体现。[①] 转让注册商标的，转让人和受让人应当签订转让协议，并共同向商标局提出申请。转让注册商标经核准后，予以公告。受让人自公告之日

① 刘燕：《论注册商标转让的限制》，载《吉林大学社会科学学报》2013年第5期。

起享有商标专用权。

商标转让与商标移转都是商标权继受取得方式，但两者存在一些区别。第一，行为基础不一样。商标转让是转让人与受让人的共同意思表示。商标移转通常是注册商标权人死亡或终止后，由承继其权利义务的自然人、法人或其他组织继受商标权的行为。第二，商标权取得时间不一样。商标转让中，商标受让人取得商标权的时间是转让注册商标经核准后公告之日。商标移转中，商标继受人取得商标权的时间法律没有明确规定。有人认为是商标局核准移转之日生效；也有人认为是自引发移转的法律事实生效之日。

二、商标转让合同

《商标法》第四十二条规定，转让注册商标的，转让人和受让人应当签订转让协议。商标转让合同主要包括以下条款：（一）转让人和受让人的名称、住所和法定代表人；（二）被转让注册商标的基本情况，包括商标图样、名称、申请和注册日期、商标效力、是否进行过许可或存在质权；（三）转让费用及支付方式；（四）合同生效方式和生效时间；（五）违约责任；（六）法律适用及争议的解决方式；（七）合同签约日期；（八）转让人、受让人签字盖章。

签订商标转让合同的注意事项包括：第一，转让人必须是转让商标的真正权利人；第二，从受让人角度，必须注意转让商标是否存在被许可、质权等权利瑕疵；第三，转让人对其在同一种或者类似商品上注册的相同或者近似的商标是否一并转让；第四，转让人、受让人为外国人或外国企业的，应当在申请书中指定国内接收人负责接收商标局的法律文件；第五，集体商标、证明商标等特殊商标转让时对受让人资格有特殊要求。集体商标的受让人应当同集体商标的申请人一样，应当是平等、独立的集体组织；证明商标的受让人应当符合法律法规规定的检测和监督能力；地理标志商标的受让人应当为该地理标志所在区域的主体。

三、商标转让代理

商标转让应当由转让人和受让人共同向商标局提出申请，共同办理有关手续。商标转让应当向商标局提交以下材料：

第一，转让申请/注册商标申请书；

第二，转让人和受让人的主体资格证明文件复印件；

第三，委托商标代理机构办理的，提交商标代理委托书；

第四，申请文件为外文的，提供经申请人或代理组织签章确认的中文译本；

如果申请转让的商标是集体商标、证明商标，还应提交以下书件：

第一，集体商标转让需提交商标转让合同、集体成员名单、受让主体资格证明文件复印件和商标使用管理规则；

第二，证明商标转让需提交商标转让合同、受让主体资格证明文件复印件、受让人检测能力证明和商标使用管理规则；

第三，地理标志集体商标/证明商标转让需提交商标转让合同、受让资格证明文件复印件、地方政府或主管部门同意该地理标志转让的批复、受让人监督检测能力的证明和商标使用管理规则。

转让/移转申请/注册商标申请书

转让人名称(中文)：
(英文)：
转让人地址(中文)：
(英文)：
受让人名称(中文)：
(英文)：
受让人地址(中文)：
(英文)：
邮政编码：
联系人：
电话：

外国受让人的国内接收人：
国内接收人地址：
邮政编码：

代理机构名称：
商标申请号/注册号：
是否共有商标：□是　□否

转让人章戳(签字)：　受让人章戳(签字)：　代理机构章戳：

◆案例七◆

北京佳尼士公司与石家庄佳尼士公司商标转让合同纠纷案[①]

基本案情：北京佳尼士公司系1640147号商标科视朗、1785002号商标佳尼士(GNS)、1925982号商标富力、3091950号商标尼宝等四个商标的原所有人。2008年4月9日马存建成立自然人独资的石家庄佳尼士公司。2008年8月25日石家庄佳尼士公司委托北京世纪瑞鑫商标代理事务所代理涉案四个商标转让申请，联系人为马存建，2009年5月25日四个涉案商标转让完成。2008年8月北京佳尼士公司股东王祥桦、李洁明向北京市丰台区人民法院以损害公司利益为由起诉本案第三人马存茂返还公司证照。北京市丰台区人民法院(2008)丰民初字第08624号生效民事判决认定“2001年5月20日，北京佳尼士公司召开股东会，选举马存茂为公司董事并聘为经理。2007年6月5日，北京佳尼士召开的股东会会议程序合法，决议内容有效”。2007年6月5日北京佳尼士公司召开临时股东会内容为：免去马存茂公司法定代表人职务，由王祥桦担任公司法定代表人；免去马存建公司经理职务，聘任王祥桦为本公司经理；由马存茂、马存建协助王祥桦办理相关权力移交。2009年4月21日马存茂的代理人马存建向王祥桦、李洁明的代理人移交了生效判决确定的物品。

北京佳尼士公司诉称：2001年5月19日，该公司法定代表人王祥桦辞去相关职务，2001年5月20日，该公司法定代表人变更为本案第三人

---

① 参见中国裁判文书网石家庄市中级人民法院(2012)石民五初字第00160号，http://wenshu.court.gov.cn/Content/Content? DocID = ecc3024b — 9f1a — 4250 — 9a18 — aa90e8aaf234，2017年8月1日登录。

马存茂，经理变更为马存建。因马存茂、马存建兄弟两人任职期间损害公司利益，2007 年 6 月 5 日，公司股东王祥桦、李洁明召开临时股东会议，作出免去马存茂法定代表人的决议，要求马存茂遵守股东会议，配合办理相关权利移交手续遭拒。随即，公司股东王祥桦、李洁明以损害公司利益纠纷要求马存茂返还公司所有财务。2009 年 4 月 21 日，依据北京市丰台区人民法院(2008)丰民初字第 08624 号民事判决，马存茂将持有的该公司印章、营业执照等文件返还给该公司。在长达两年诉讼中，2008 年 4 月 9 日，马存建成立石家庄佳尼士公司，2008 年 8 月 25 日，马存茂利用所非法持有原告营业执照、公司公章和商标注册证等文件的便利，与石家庄佳尼士公司恶意串通将该公司四商标("佳尼士＋图形＋字头"、"富力＋图形＋全品"、"尼寶＋图形"、"科视朗＋图形＋字头")非法转让给被告石家庄佳尼士公司。2011 年 6 月，该公司在全国范围内展开"优玛 U.MA＋图形"注册商标打假时发现旗下上列涉案商标被上述人员私自非法转移。第三人在丧失法定代表人身份后利用非法持有公司印章、营业执照等文件，在该公司及股东王祥桦、李洁明毫不知情的情况下，且在对立诉讼过程中，与石家庄佳尼士公司恶意串通以成立新公司的手段来达到逃避非法转让原告注册商标所有权。此种行为严重侵害了该公司的合法权益，石家庄佳尼士公司受让该涉案注册商标的行为，依据《合同法》第五十二条、五十六条的规定系非法行为，应属无效。因此要求石家庄佳尼士公司返还四类商标权。石家庄佳尼士公司没有答辩。

判决结果：法院认为，北京佳尼士公司系 1640147 号商标科视朗、1785002 号商标佳尼士(GNS)、1925982 号商标富力、3091950 号商标尼宝等四个商标的原所有人。第三人马存茂、石家庄佳尼士公司马法定代表人存建明知在 2007 年 6 月 5 日已经被免于去北京佳尼士公司法定代表人职务、经理的职务的情况下，仍持有该公司公章、营业执照。并于2008年8月25日以北京佳尼士公司名义将该公司所有的四个涉案商标转让给马存建成立的石家庄佳尼士公司，该转让行为于2009年5月25日完成。北京佳尼士公司与石家庄佳尼士公司之间的商标转让合同不是北京佳尼士公司的真实意思表示，系北京佳尼士公司原法定代表人即本案第三人马存茂与石家庄佳尼士公司法定代表人马存建恶意串通，损害北京佳尼士公司利益的合同，根据《中华人民共和国合同法》第五十二条"恶意串通，损害国家、集体或者第三人利益"合同无效的规定。北京佳尼士公司与石家庄佳尼士公司之间的转让合同无效。关于第三人辩称北京佳尼士公司诉讼已经超过诉讼时效的理由，商标转让公示是向社会公众发出的，作为商标合法持有人，没有理由担心自己的商标会被他人非法占有，第三人认为原告超过法定诉讼时效的观点本院不予采纳；关于第三人辩称涉案四个商标是王祥桦以两万元价格转让给马存建的，原、被告之间的转让合同是双方当事人之间的真实意思表示，合法有效的抗辩理由，只有杨群莉一个人的证言，证据不足，本院不予采信。北京佳尼士公司的诉讼请求应予支持。

第三节　商标专用权质押代理

一、商标专用权质权概述

商标专用权质权是利用商标专用权进行担保的一种方式，指商标专用权人以债务人或者担保人身份将自己拥有的、依法可以转让的商标专用权作为债权的担保，当债务人不履行债务时，债权人有权依据法律规定以该商标专用权折价或拍卖、变卖该商标专用权的价款优先受偿。商标专用权质权自商标局办理出质登记时设立，质权人是债权人，出质人是作为债务人或担保人的商标专用权人。为充分发挥商标专用权无形资产的价值，促进经济发展，国家工商行政管理总局于2009年制定了《注册商标专用权质权登记程序规定》。

二、商标专用权质押合同

《商标法实施条例》第七十条规定，以注册商标专用权出质的，出质人与质权人应当签订书面质权合同。注册商标专用权质权合同内容包括：(一)出质人、质权人的姓名(名称)及住址；(二)被担保的债权种类、数额；(三)债务人履行债务的期限；(四)出质注册商标的清单(列明注册商标的注册号、类别及专用期)；(五)担保的范围;(六)当事人约定的其他事项。根据《物权法》第211条规定,质权人在债务履行期届满前,不得与出质人约定债务人不履行到期债务时质押财产归债权人所有。因此商标专用权质权合同不能够约定债务人不履行到期债务时商标专用权归债权人所有。

签订商标专用权质押必须注意的事项包括:(一)合同的签订不能违反法律法规强制性规定的;(二)出质人名称与商标局档案所记载的名称必须一致;(三)主合同和注册商标专用权质权合同必须有法定代表人签字,非法定代表人签字的,需要附送签字人员签署合同的特别授权文件;(四)核实商标专用权是否已经被撤销、被注销或者有效期满未续展的;(五)出质的注册商标为多件时,质权登记期限最好不要超过提交质权登记申请时专用权最先到期的商标的专用权期限;(六)用于出质的注册商标专用权是否正在办理转让、许可他人使用备案申请;(七)核实商标专用权是否已被人民法院查封、冻结;(八)是否存在可能导致商标专用权丧失的确权案件或诉讼。例如,注册商标无效宣告裁定申请;撤销连续三年停止使用注册商标申请;等等。

三、商标专用权质权登记代理

质权登记申请应由质权人和出质人共同向商标局提出,主要包括以下类型:

(一)商标专用权质权登记

申请商标专用权质权登记应当提交如下文件：

第一，商标专用权质权登记申请书；

第二，出质人、质权人的主体资格证明；

第三，主合同和注册商标专用权质权合同原件或经公证的复印件；

第四，委托商标代理机构办理的，应当提交商标代理委托书；

第五，出质注册商标的注册证复印件；

第六，出质商标专用权的价值评估报告。如果质权人和出质人双方已就出质商标专用权的价值达成一致意见并提交了相关书面认可文件，申请人可不再提交。

申请登记文件齐备、符合规定的，商标局予以受理。受理日期即为登记日期。商标局自登记之日起5个工作日内向双方当事人发放《商标专用权质权登记证》。《商标专用权质权登记证》应当载明下列内容：出质人和质权人的名称（姓名）、出质商标注册号、被担保的债权数额、质权登记期限、质权登记日期。

商标专用权质登记申请书

质权人名称(中文)：

(英文)：

质权人地址：

法定代表人：

电话(含地区号)：

邮政编码：

代理机构名称：

出质人名称(中文)：

(英文)：

出质人地址：

法定代表人：

电话(含地区号)：

邮政编码：

代理机构名称：

出质商标注册号：

担保债权数额：

质权登记期限：　　自　　至

质权人章戳(签字)：　　出质人章戳(签字)：

代理机构章戳：　　代理机构章戳：

(二)商标专用权质权登记事项变更

申请质权人或出质人的名称(姓名)更改,以及质权合同担保的主债权数额变更的,应当提交如下申请文件:

第一,商标专用权质权登记事项变更申请书;

第二,出质人、质权人的主体资格证明;

第三,有关登记事项变更的协议或相关证明文件;

第四,原《商标专用权质权登记证》;

第五,委托商标代理机构办理的,应当提交商标代理委托书;

第六,其他有关文件。

出质人名称(姓名)发生变更的,还应按照《商标法实施条例》的规定在商标局办理变更注册人名义申请。办理质权登记事项变更申请后,由商标局在原《商标专用权质权登记证》上加注发还,或者重新核发《商标专用权质权登记证》。

商标专用权质权登记事项变更申请书

质权人名称(中文):
(英文):
质权人地址:
法定代表人:
电话(含地区号):
邮政编码:
代理机构名称:

出质人名称(中文):
(英文):
出质人地址:
法定代表人:
电话(含地区号):
邮政编码:
代理机构名称:

商标专用权质权登记证编号:
申请变更事项:□质权人名称 □出质人名称 □担保债权数额
变更前担保债权数额:
变更后担保债权数额:

质权人章戳(签字): 出质人章戳(签字):

代理机构章戳: 代理机构章戳:

(三)商标专用权质权延期登记

申请质权延期登记的,提交如下文件:

第一,商标专用权质权登记期限延期申请书;

第二,出质人、质权人的主体资格证明;

第三,当事人双方签署的延期协议;

第四,原《商标专用权质权登记证》;

第五,委托商标代理机构办理的,应当提交商标代理委托书;

第六,其他有关文件。

办理质权登记期限延期申请后,由商标局在原《商标专用权质权登记证》上加注发还,或者重新核发《商标专用权质权登记证》。

商标专用权质权登记期限延期申请书

质权人名称（中文）：
（英文）：
质权人地址：
法定代表人：
电话（含地区号）：
邮政编码：
代理机构名称：

出质人名称（中文）：
（英文）：
出质人地址：
法定代表人：
电话（含地区号）：
邮政编码：
代理机构名称：

商标专用权质权登记证编号：
原质权登记期限：　　自　　至
延期后质权登记截止期限至：

质权人章戳（签字）：　　出质人章戳（签字）：

代理机构章戳：　　代理机构章戳：

代理人签字：　　代理人签字：

（四）商标专用权质权注销登记

申请注销专用权质权登记的，提交如下文件：

第一，商标专用权质权登记注销申请书；

第二，出质人、质权人的主体资格证明；

第三，当事人双方签署的解除质权登记协议或合同履行完毕凭证；

第四，原《商标专用权质权登记证》；

第五，委托商标代理机构办理的，应当提交商标代理委托书；

第六，其他有关文件。

质权登记期限届满后，该质权登记自动失效。

商标专用权质权登记注销申请书

质权人名称（中文）：
（英文）：
质权人地址：
法定代表人：
电话（含地区号）：
邮政编码：
代理机构名称：

出质人名称（中文）：
（英文）：
出质人地址：
法定代表人：
电话（含地区号）：
邮政编码：
代理机构名称：

注销质权登记证编号：
未交回原质权登记证的原因：

注销原因：

质权人章戳（签字）：　　　　出质人章戳（签字）：

代理机构章戳：　　　　代理机构章戳：

| 第八章 |

商标续展、变更、注销代理

第一节　商标续展代理

一、商标续展概述

《商标法》第四十条规定，注册商标有效期满，需要继续使用的，商标注册人应当在期满前 12 个月内按照规定办理续展手续；在此期间未能办理的，可以给予 6 个月的宽展期。每次续展注册的有效期为 10 年，自该商标上一届有效期满次日起计算。期满未办理续展手续的，注销其注册商标。商标局应当对续展注册的商标予以公告。

如果在异议、异议复审、异议复审诉讼中的商标，已到商标续展期的，可以在有效期期满前 12 个月内申请续展；在此期间未能提出申请的，可以给予 6 个月的宽展期。商标局会根据异议、异议复审或诉讼的最终结果决定是否核准续展，如商标最终被不予核准注册，商标局将对续展申请不予核准，申请费用可以办理退还。

二、商标续展代理

注册商标需要续展注册的，应当向商标局提交的申请材料包括：

第一，商标续展注册申请书；

第二，申请人经盖章或者签字确认的主体资格证明文件复印件；

第三，委托商标代理机构办理的，应当提交商标代理委托书；

第四，注册商标证复印件；

第五，申请文件为外文的，还应当提供经翻译机构或代理机构签章确认的中文译本。

商标局受理商标续展后，应当对提交的续展材料进行审核。商标续展申请核准后，商标局发给申请人续展证明。如果续展申请需要补正的，商标局给申请人发出补正通知，要求申请人限期补正。申请人未在规定期限内按要求补正的，商标局有权对续展申请不予核准。续展申请被不予核准的，商标局发出《不予核准通知书》。

商标续展注册申请书

申请人名称(中文):

(英文):

申请人地址(中文):

(英文):

邮政编码:

联系人:

电话:

代理机构名称:

商标注册号:

是否共有商标:□是　　□否

类别:

申请人章戳(签字):　　　　代理机构章戳:

代理人签字:

第二节　商标变更代理

一、商标变更概述

《商标法》第四十一条 注册商标需要变更注册人的名义、地址或者其他注册事项的，应当提出变更申请。如果申请人已经提交注册申请但尚未获准注册的，其名义、地址或者其他注册事项发生变更的，可以向商标局申请办理相应的变更手续。变更商标注册人名义或者地址的，商标注册人应当将其全部注册商标一并变更；未一并变更的，由商标局通知其限期改正；期满未改正的，视为放弃变更申请，商标局应当书面通知申请人。商标局核准变更申请的，发给商标注册人相应证明，并予以公告；不予核准的，应当书面通知申请人并说明理由。

二、商标变更代理

(一)变更商标申请人/注册人名义

(1)《变更商标申请人/注册人名义申请书》;

(2)申请人的主体资格证明文件;

(3)委托商标代理机构办理的,应当提交商标代理委托书;

(4)登记机关出具的变更证明。注册人是企业的,应当出具工商行政管理机关登记部门的变更证明;注册人是事业单位的,应当出具事业单位主管机关的变更证明;注册人是自然人的,应当出具户口所在地派出所出具的变更证明。证明上的变更前名义和变更后名义应当与申请书上变更前名义和申请人名称相符。外国企业或外国人仅需变更其中文译名的,应提供该外国企业或外国人申请变更中文译名的声明。

(二)变更商标申请人/注册人地址

(1)《变更商标申请人/注册人地址申请书》;

(2)申请人的主体资格证明文件;

(3)委托商标代理机构办理的,应当提交商标代理委托书;

(4)办理变更商标申请人/注册人地址的,不需要提交变更证明文件,跨国变更地址的除外。自然人跨国籍变更地址的,应当提交在变更后地址所在国家享有居留权的证明文件。

(三)变更集体商标/证明商标使用管理规则

(1)《变更集体商标/证明商标管理规则申请书》;

(2)申请人的主体资格证明文件;

(3)委托商标代理机构办理的,应当提交商标代理委托书;

(4)变更后的集体商标/证明商标使用管理规则。如果涉及地理标志区域范围变化的,需提交界定地理标志产品地域范围的历史资料或地理标志所在地县级以上人民政府或行业主管部门出具的地域范围变更证明文件。

(四)申请变更集体商标集体成员名单

(1)《变更集体商标集体成员申请书》;

(2)申请人的主体资格证明文件;

(3)委托商标代理机构办理的,应当提交商标代理委托书;

(4)变更后的集体商标集体成员名单。

变更商标申请人/注册人名义/地址变更集体商标/证明商标管理规则/集体成员名单申请书

申请人名义(中文):
(英文):
申请人地址(中文):
(英文):
邮政编码:
联系人:
电话:
代理机构名称:
商标申请号/注册号:
是否共有商标:□是　　□否
变更前名义(中文):
(英文):
变更前地址(中文):
(英文):
变更管理规则:□是
变更集体成员名章:□是

申请人章戳(签字):　　　　代理机构章戳:

第三节 商标注销代理

一、商标注销概述

商标注销是商标注册人主动向商标局申请终止注册商标的效力。商标注册人申请注销其注册商标或者注销其商标在部分指定商品上的注册，经商标局核准注销的，该注册商标专用权或者该注册商标专用权在该部分指定商品上的效力自商标局收到其注销申请之日终止。申请注销注册商标无须缴纳规费。

二、商标注销代理

商标注册人申请注销其注册商标或者注销其商标在部分指定商品上的注册的，应当到商标局办理注册商标的注销手续。商标注册人申请注销商标需提交的材料包括：

第一，《商标注销申请书》；

第二，《商标注册证》原件，不能交回原件的，应当说明原因；

第三，申请人的主体资格证明文件；

第四，委托商标代理机构办理的，应当提交商标代理委托书；

第五，申请文件为外文的，还应提供中文译本。

办理注销申请的商标为共有商标的，应以代表人的名义提出申请；注册人名义已经发生变更的，在申请商标注销时应当以变更后的名义申请，同时提交主管登记部门出具的变更证明；质押查封中的商标，须经质权人同意才可注销。以下情况的商标不能被核准注销：（一）异议、异议复审、诉讼中的商标；（二）专用期已届满，但尚在宽展期内的商标；（三）冻结中的商标。

商标注销申请书

申请人名称(中文)：

(英文)：

申请人地址(中文)：

(英文)：

邮政编码：

联系人：

电话：

代理机构名称：

商标注册号：

是否共有商标：□是　　□否

类别：

注销商品/服务项目(分类填写)：

未交回原注册证原因：

申请人章戳(签字)：　　　　　代理机构章戳：

| 第九章 |

商标诉讼代理

第一节 商标民事诉讼

一、商标民事诉讼类型

根据《最高人民法院关于审理商标案件有关管辖和法律适用范围问题的解释》和《最高人民法院关于商标法修改决定施行后商标案件管辖和法律适用问题的解释》的条款，商标民事诉讼的类型主要有：

第一，商标权权属纠纷案件，即商标所有权纠纷产生的诉讼。例如，商标权人死亡或终止，商标权的继承人之间或继受人之间因为商标权归属产生纠纷提起诉讼。

第二，侵害商标专用权纠纷案件，即商标权人针对侵犯注册商标专用权行为提起的诉讼。

第三，确认不侵害商标专用权纠纷案件。商标权人或利害关系人认为他人侵犯其商标权益时，会发出警告信或律师函。如果收到警告信或律师函的商标使用人认为自己的商标使用行为不构成侵权，可以向法院提起确认其行为不构成侵权的诉讼。

第四,商标合同纠纷诉讼。主要包括商标权转让合同纠纷案件、商标使用许可合同纠纷案件和商标代理合同纠纷案件。

第五,商标诉讼诉前保全案件。主要包括申请诉前停止侵害商标专用权案件、因申请停止侵害商标专用权损害责任案件、因商标纠纷申请诉前财产保全案件和因商标纠纷申请诉前证据保全案件。

第六,其他商标案件。

二、诉讼当事人

诉讼当事人是商标民事诉讼不可缺少的要素,是商标诉讼权利和义务的主要承担者。主要类型包括:

第一,原告。商标民事诉讼原告是因自己的商标权益受到侵犯或者与他人发生争议,以自己的名义向法院提起诉讼,从而引起商标民事诉讼发生的人。商标民事诉讼的原告可能是商标权人、商标独占被许可人、排他被许可人(一般情况下与商标注册人是共同原告;如果商标注册人放弃时可以作为单独原告)、普通许可人(经商标权人授权可单独做原告)或在先权利人等利害关系人。

第二,被告。被告是被诉侵犯原告商标权益或与原告发生其他商标争议,经法院通知应诉的人。商标民事诉讼的被告可能是商标侵权人、商标权人、商标独占被许可人、排他被许可人(一般情况下与商标注册人是共同原告;如果商标注册人放弃时可以作为单独原告)、普通许可人(经商标权人授权可单独做原告)等利害关系人。

第三,诉讼第三人。在商标民事诉讼中,一般情况下只有原告和被告,但在某些特殊情况下,还会有第三人参与诉讼。第三人是指对他人争议的诉讼标的具有独立的请求权,或者虽然没有独立的请求权,但是与处理结果具有法律上的利害关系,因而参加到他人已经开始的诉讼中来的人。

三、管辖法院

(一)级别管辖

根据《最高人民法院关于商标法修改决定施行后商标案件管辖和法律适用问题的解释》第三条,第一审商标民事案件,由中级以上人民法院及最高人民法院指定的基层人民法院管辖。涉及对驰名商标保护的民事案件,由省、自治区人民政府所在地市、计划单列市、直辖市辖区中级人民法院及最高人民法院指定的其他中级人民法院管辖。最高人民法院一般会根据各省市实际情况,在较大城市确定 1—2 个基层人民法院受理第一审商标民事纠纷案件。

(二)地域管辖

商标民事诉讼案件的地域管辖根据不同类型案件有所不同。商标权权属纠纷案件的管辖法院一般是由被告住所地法院管辖。侵害商标专用权纠纷案件的管辖法院主要是侵权行为地或者被告住所地人民法院。根据《最高人民法院关于适用〈中华人民共和国民事诉讼法〉的解释》第二十四条,侵权行为地包括侵权行为实施地、侵权结果发生地。确认不侵害商标专用权纠纷案件的管辖法院,应当是原告自身所实施的被认为是侵害商标专用权行为所在地法院管辖。商标合同纠纷诉讼的管辖法院是被告住所地或者合同履行地法院。合同约定履行地与实际履行地不一致时,以实际履行地为主。诉前责令停止侵犯注册商标专用权行为或者保全证据的申请,应当向侵权行为地或者被申请人住所地对商标案件有管辖权的人民法院提出。诉前财产保全案件由财产所在地法院管辖。

四、证据收集

商标民事诉讼当事人,特别是原告,必须积极收集证据。证据收集途径主要包括以下几种。

(一)当事人自己收集

《民事诉讼法》第六十五条规定,当事人对自己提出的主张应当及时提供证据。商标民事诉讼当事人应当根据不同案件的特点收集如下证据:

第一,商标权属证据。主要证明当事人是商标权的合法权利人或利害关系人,具备参加诉讼的资格。商标权属证据包括商标注册证、商标许可合同、继承商标权的证明文件等。

第二,商标侵权证据。主要证明被告已经实施或正在实施注册商标侵权行为。商标侵权证据包括侵权人身份证明文件、侵权商品宣传材料、侵权商品样品或照片、侵权商品销售合同和发票、商标主管部门行政处罚材料等。

第三,有关损害赔偿的证据。即证明"侵权人在侵权期间因侵权获得的收益"或者"被侵权人在被侵权期间因侵权行为受到的损失"的相关证据。前者主要包括侵权人的账簿、资料、财务审计报告、销售额的证据和单位产品利润的证据等;后者主要包括被侵权人因侵权造成商品或服务销售减少的证据、单位产品的利润和制止侵权行为的合理费用。

第四,有关商标知名度或受保护的证据。主要证明被侵权商标是否具备被认定为驰名商标的条件,以便享受驰名商标保护。

第五,有关商标合同纠纷的证据。主要包括商标权转让合同、商标使用许可合同和商标代理合同等原件,以及合同履行证据等。

（二）公证机构协助收集

当事人自己收集证据受到时间、地点和条件等因素的限制，很难获得全面的证据。有时候当事人费尽心思获得一些证据，也因为缺乏公信力而遭到对方当事人的否认，特别是在互联网领域。《民事诉讼法》第六十九条赋予公证证明相较其他证据更高的证明效力，公证机构取证成为当事人必不可少的取证方式之一。例如，在商标侵权民事纠纷中，公证机构协助当事人收集证据的方式主要包括侵权物品的购买公证和侵权网站的公证。侵权物品的购买公证，即当事人申请公证机构现场公证购买侵权物品的整个过程（包括购物发票、侵权方信息、侵权物品信息、现场情况等），并出具公证书的行为。侵权网站的公证，即当事人申请公证机构对商标侵权网站进行公证，公证员按照操作流程浏览商标侵权人的网站，并对浏览步骤进行记录，打印浏览页面，并出具公证书的行为。

（三）申请法院收集或保全

《民事诉讼法》第六十四条规定，当事人及其诉讼代理人因客观原因不能自行收集的证据，或者人民法院认为审理案件需要的证据，人民法院应当调查收集。《最高人民法院关于民事诉讼证据的若干规定》第三条规定，当事人因客观原因不能自行收集的证据，可申请人民法院调查收集。商标民事诉讼的当事人可以申请法院调查收集相关证据。

《商标法》第六十六条规定，为制止侵权行为，在证据可能灭失或者以后难以取得的情况下，商标注册人或者利害关系人可以依法在起诉前向人民法院申请保全证据。即在商标侵权诉讼中，商标注册人或者利害关系人可以向证据所在地、被申请人住所地或者对案件有管辖权的人民法院提出诉前证据保全。诉前证据保全应当提交书面申请书，载明以下内容：第一，当事人及其基本情况；第二，申请保全证据的具体内容、范围、所在地；第三，请求保全的证据能够证明的对象；第四，申请理由，即说明证据是否属于可能灭失或者以后难以取得，且当事人因客观原因不能自行收集。

五、诉前保护措施

《商标法》第六十五条规定，商标注册人或者利害关系人有证据证明他人正在实施或者即将实施侵犯其注册商标专用权的行为，如不及时制止将会使其合法权益受到难以弥补的损害的，可以依法在起诉前向人民法院申请采取责令停止有关行为和财产保全的措施。即商标注册人或者利害关系人在诉前可以采取两种诉前保护措施，一个是诉前禁令，另一个是财产保全。申请诉前禁令应当提交书面申请书和相关证据，同时提交相应的担保。诉前财产保全应当向被保全财产所在地、被申请人住所地或者对案件有管辖权的人民法院申请。财产保全采取查封、扣押、冻结或者法律规定的其他方法。人民法院保全财产后，应当立即通知被保全财产的所有人。申请人在人民法院采取保全措施后三十日内不依法提起诉讼或者申请仲裁的，人民法院应当解除保全。

◆案例八◆

乔元栩、乔氏台球桌厂诉区佰乐桌球俱乐部侵害商标权纠纷案①

基本案情：

乔元栩系第5078670号“JOY乔氏”注册商标权利人，该商标注册有效期限自2010年11月28日至2020年11月27日，核定使用商品为第28类，包括运动球类；台球球杆用白粉；台球计分器；台球桌垫；运动用拍；乒乓球台；室内足球游戏桌；台球杆皮头；台球桌；投币启动式台球桌（截止）。

乔氏台球桌厂的企业类型为个人独资企业，投资人为乔元栩，成立日期为2002年9月11日，经营范围包括台球桌制造、销售等。乔元栩排他性许可乔氏台球桌厂自2016年1月1日至2018年12月31日使用第5078670号商标。

乔元栩、乔氏台球桌厂于2016年8月8日向中华人民共和国河北省秦皇岛市山海关区公证处申请对乔氏台球桌厂生产的乔氏Q7（编号10476—6）台球桌和乔氏Q8（编号10345—6）台球桌进行证据保全。在公证员的监督下，拍照人对乔氏台球桌厂展厅内上述型号乔氏台球桌的相关部位进行拍照，公证人员形成工作记录一份并出具(2016)秦山证经

① 参见中国裁判文书网长春市中级人民法院(2016)吉01民初字第895号，http://wenshu.court.gov.cn/Content/Content? DocID=2740eaba-3fff-4f23-ad0d-a76000e9828d，2017年8月2日登录。

字第007号公证书，证明后附乔氏Q7（编号10476—6）台球桌照片13张和乔氏Q8（编号10345—6）台球桌照片12张为现场拍摄，与现场实际相符。

2016年11月1日本院依据乔元栩、乔氏台球桌厂的调取证据申请，对佰乐桌球俱乐部经营场所内的被控侵权台球桌整体及相关部位进行了拍照，现场形成的调查取证工作记录及照片可以证实：佰乐桌球俱乐部经营场所内被控侵权的台球桌共计18张，上述台球桌的插板、袋口处均有与第5078670号商标相同的标识。其中11张被控侵权的台球桌与乔氏台球桌厂生产的乔氏Q7（编号10476—6）型号台球桌外观基本一致，但相较乔氏台球桌厂生产的乔氏Q7型号台球桌，该11张被控侵权台球桌存在以下细节差别：(1)被控侵权台球桌侧面插板内部没有乔氏Q7型号台球桌的编号；(2)被控侵权台球桌外部没有印刷乔氏销售热线、广告语，虽有乔氏网站网址，但却没有www；(3)被控侵权台球桌库梆内部没有带弧度的铜色汽车弹簧钢；(4)桌腿与木架连接处半圆螺母螺丝凸显长度较长；(5)木架底部没有砖孔螺丝。其中8张被控侵权的台球桌与乔氏台球桌厂生产的乔氏Q8（编号10345—6）型号台球桌外观基本一致，但相较乔氏台球桌厂生产的乔氏Q8型号台球桌，该8张被控侵权台球桌存在以下细节差别：(1)被控侵权台球桌侧面插板内部没有乔氏Q8型号台球桌的编号；(2)被控侵权台球桌外部没有印刷乔氏销售热线、广告语，虽有乔氏网站网址，但却没有www；(3)被控侵权台球桌库梆内部没有方形结构角型钢；(4)桌腿与木架连接处半圆螺母螺丝凸显长度较长；(5)木架底部没有砖孔螺丝。

乔元栩、乔氏台球桌厂诉称：乔氏台球桌厂系乔元栩个人投资建设的个人独资企业。乔元栩于2010年11月核准注册了第5078670号“JOY

乔氏”商标，核准使用商品为第28类。乔元栩将“JOY乔氏”商标排他许可给乔氏台球桌厂使用并授权其对该商标的相关事宜进行处理。乔氏台球桌厂是全国唯一一家专业生产乔氏台球桌厂家，目前在国内采用的销售模式为全国厂家直销，各地均不设代理商，全国各地目前所有乔氏桌球都是由厂家直接发送到购买方所指定的地点。2016年6月乔元栩、乔氏台球桌厂在长春市威宝数码科技大厦4楼发现一家名叫“佰乐网络桌球俱乐部”的台球厅内使用的台球桌并非乔氏桌球厂生产，但却使用了“JOY乔氏”商标。乔元栩、乔氏台球桌厂认为佰乐桌球俱乐部未经商标权人许可，擅自伪造、粘贴涉案注册商标标识且使用了侵害“JOY乔氏”注册商标专用权的台球桌，其行为已经侵犯了乔元栩、乔氏台球桌厂的注册商标专用权，并致使乔元栩、乔氏台球桌厂遭受了巨大的经济损失。乔元栩、乔氏台球桌厂要求，佰乐桌球俱乐部立即停止在其经营场所内使用侵犯第5078670号商标权的台球桌经营获利的侵权行为并销毁侵权产品(具体销毁方式为去除侵权台球桌上所有的侵权标识)，并就其侵犯第5078670号商标权的行为向乔元栩、乔氏台球桌厂在吉林省发行的报纸上连续10日刊登致歉声明，同时赔偿乔氏台球桌厂经济损失及合理费用共计人民币60620元(其中经济损失5万元，律师费5000元，公证费2120元，证据保全费1000元，旅差费2500元)。

佰乐桌球俱乐部辩称，该俱乐部于数年前在网上知晓有一批二手台球桌出售，自称该台球桌为乔氏品牌，于是购进使用，由始至终，答辩人不知道这批台球桌为假冒伪劣商品。接到本案起诉状后，该俱乐部已经将这批台球桌上原粘贴的注册商标标识全部清除。该俱乐部的经营场所内已经没有任何一个台球桌上粘贴有乔氏商标标识。该俱乐部不存在“擅自伪造，粘贴注册商标标识”的客观行为和主观故意，且知道台球桌商标不实之后已经立即将该标识清除。根据法律规定,侵犯注册商标专用权的行为侵犯的是他人的商标权,侵权人主要是生产者或者销售者,而不是被控侵权产品的使用者。该俱乐部既不是这批假冒伪劣台球桌的生产企业,也不是销售企业。该俱乐部的行为属于购买并使用被控侵权产品的行为,并未实施商标侵权行为,因此乔元栩、乔氏台球桌厂的诉讼请求缺乏事实和法律依据。

判决结果:

长春市中级人民法院认为:佰乐桌球俱乐部在其经营场所内使用侵犯第5078670号商标权的侵权产品的行为不构成侵犯第5078670号商标的侵权行为,二原告以此为由提出对诉讼请求,本院不予支持。

首先,被控侵权行为实质为使用侵权产品的行为。佰乐桌球俱乐部经营场所内使用的被控侵权台球桌与第5078670号商标核准使用的商品属于同一种商品,在插板、袋口处均有与第5078670号商标相同的标识,属于《中华人民共和国商标法》第五十七条第一项规定的未经商标注册人的许可,在同一种商品上使用与其注册商标相同的商标的侵权产品。但在台球桌上标注侵权标识的行为由生产者实施,现有证据仅能够证明佰乐桌球俱乐部在经营场所内使用了侵权产品,被控侵权行为实质是对侵权产品的使用行为。

其次,我国商标法及其相关法律规定并没有将对侵权产品的使用行为认定为侵犯商标权的行为。在我国商标权的保护制度中,将可能导致消费者对商品或服务的来源产生混淆作为构成商标侵权的必要条件。如果某人没有购买该商品或服务的意愿,即使可能发生混淆,即为“旁观者混淆”(又称“售后混淆”),商标法也不予保护。在俱乐部内打台球的顾客对台球桌并没有购买意愿,不是台球桌的消费者,而是佰乐桌球俱乐部所提供服务的消费者，其对佰乐桌球俱乐部提供的服务来源并不会产生误认。即使佰乐桌球俱乐部在经营场所内使用侵权产品的行为可能会使在该俱乐部内打台球的顾客对侵权台球桌的来源产生混淆，也不属于我国商标保护制度中所认定的侵犯商标权的行为。

最后，原告方认为被控侵权行为类似于销售侵权商品的行为，可以比照销售侵权商品的有关规定处理，或者适用商标法第五十七条第七项"给他人的注册商标专用权作出其他损害的"情形处理。本院认为原告方的观点擅自扩大了我国商标权保护的范围，不能成立。首先，被控侵权行为不能比照销售侵权商品有关规定处理。佰乐桌球俱乐部在为顾客提供服务的过程中，并没有发生侵权产品的物权转移，与销售行为存在根本差异。其次，在本案中不能适用商标法第五十七条第七项的兜底条款，将被控侵权行为纳入侵权行为范围。兜底条款是为了确保立法的周延性和稳定性所采用的一种常用的立法技术，是当所列举的具体侵权行为不能适应复杂的社会生活或者随着社会发展出现新型侵权行为时，依据立法的原则和精神适用的条款，而本案的被控侵权行为显然不能适用兜底条款。我国商标法第五十七条采用列举的方式规定了六种具体侵犯商标权的侵权行为，第七项"给他人的注册商标专用权作出其他损害的"系兜底条款。除我国商标法第五十七条规定的六种具体侵权行为以外，相关的司法解释中又明确了几种情形属于第七项"给他人的注册商标专用权作出其他损害的"情形，但对社会生活中长期广泛存在的经营性使用侵权产品的行为，在商标法及相关法律规定中却从未将之规定为侵权行为。反观与之类似的专利权侵权立法，我国专利法第十一条明确规定未经许可以生产经营目的使用发明、实用新型专利产品的行为是侵犯专利权的行为。可见，未将经营性使用侵权产品的行为作为侵犯商标权的行为予以明确规定并非立法的局限，而是此行为已经超过了我国商标法保护的范围，无法依据立法精神和原则适用兜底条款将之作为侵权行为予以禁止。

吉林省高级人民法院认为：

商标是商品或者服务的提供者为了将自己的商品或者服务与他人提供的同类或者近似商品或者服务相区别而使用的标记，其具有识别区分的功能。商标法要保证商标权人能够排他地使用商标标识自己商品或服务的出处，以及消费者能够通过商标将商品或服务与其提供者正确地联系在一起，以充分实现商标的识别功能和品质保障功能。为此，商标法禁止的是破坏商品指示来源功能，造成消费者混淆的行为。

乔元栩作为“JOY乔氏”注册商标的专用权人、乔氏台球桌厂作为“JOY乔氏”注册商标排他许可的被许可人，其有权共同提起诉讼，维护其商标权不受非法侵犯。

商标侵权使用，主要是指《中华人民共和国商标法》第四十八条规定的“将商标用于商品、商品包装或者容器以及商品交易文书上，或者将商标用于广告宣传、展览以及其他商业活动中，用于识别商品来源的行为”。其使用包含“将与商标相同或近似的标志附着于商品或包装之上”；“在商业文件或广告中使用该标志”；“提供带有该标志的商品，将之投放市场，或为提供或投放目的而持有该商品，提供带有该标志的服务”等情形。佰乐桌球俱乐部使用带有“JOY乔氏”标识的台球桌进行经营，系为台球爱好者提供消费服务。桌球俱乐部的经营，除了桌球俱乐部的位置、规模等外，更重要的是其提供的台球桌和球质量而形成的商誉。所以，标志台球桌来源和信誉的商标标识必然是桌球爱好者的关注重点。佰乐桌球俱乐部提供的台球桌假冒“JOY乔氏”商标标识，足以造成桌球爱好者的混淆。这种混淆一方面足以给“JOY乔氏”注册商标人造成商誉上的损害；

另一方面让桌球爱好者因混淆产生误认而对商标权人造成损害。综上，佰乐桌球俱乐部的行为属于商标侵权使用。

佰乐桌球俱乐部提出，其只是使用了侵权产品，不是商标侵权使用。首先，商标使用不侵权一方面是指产品的来源于商标权人的授权生产、销售，另一方面是消费者对所购的合法产品的所有权使用。而对于假冒他人注册商标标识，且容易造成消费者混淆的行为，不是商标使用不侵权的保护对象。其次，佰乐桌球俱乐部自认其使用的台球桌系他人生产、销售的假冒“JOY 乔氏”标识的台球桌，并且上文已经论及佰乐桌球俱乐部这种使用行为足以造成相关桌球爱好者的混淆。对此，佰乐桌球俱乐部的主张不能成立，本院不予支持。

有观点认为，“未将经营性使用侵权产品的行为作为侵犯商标权的行为予以明确规定并非立法的局限，而是此行为已经超过了我国商标法保护的范围”。法律规定商标侵权，并不以是否经营为判断标准，而是以是否容易造成相关公众混淆为判决基础。只要造成相关公众的混淆的，即可构成对商标权的侵犯。佰乐桌球俱乐部购买台球桌后用于经营，在经营过程中，该批台球桌带有假冒“JOY 乔氏”标识成为桌球爱好者关注的一个点，而这必然引起桌球爱好者的混淆。故佰乐桌球俱乐部使用假冒“JOY 乔氏”标识的行为，因相关公众的混淆而构成商标侵权行为。

乔元栩、乔氏台球桌厂提出诉讼请求，要求佰乐桌球俱乐部停止使用侵犯第 5078670 号“JOY 乔氏”注册商标的行为。因佰乐桌球俱乐部的行为侵犯了乔元栩、乔氏台球桌厂第 5078670 号“JOY 乔氏”注册商标，故其诉讼请求成立，本院予以支持。

乔元栩、乔氏台球桌厂提出诉讼请求，要求佰乐桌球俱乐部登报致歉。因商标权不涉及人身权，故该诉讼请求不能成立，本院不予支持。

乔元栩、乔氏台球桌厂提出诉讼请求，要求赔偿经济损失 60620 元(含合理维权成本)。首先，在商品经营互联网化的初期，作为一般个体工商户的经营者来说，其无法辨识具有专利权技术特征的二手台球桌是否为侵犯他人注册商标的产品。其次，作为该台球桌的买受人(使用人)在一定程度上亦是受害人。有鉴于此，本案以佰乐桌球俱乐部没有尽到一般的合理注意义务为基础，以佰乐桌球俱乐部的混淆使用造成的损害为赔偿范围，故综合考虑佰乐桌球俱乐部的过错和混淆使用行为，以及其他本案发生的实际情况，本院酌定赔偿数额及合理维权费用合计 15000.00 元。

乔元栩、乔氏台球桌厂因本案假冒注册商标所造成的经济损失，应当以涉案的生产者、销售者为损害赔偿主体另行提起诉讼。

第二节　商标行政诉讼

一、商标行政诉讼类型

商标行政诉讼是个人、法人或其他组织认为商标主管部门作出的行政行为侵犯其合法权益而向法院提起的诉讼。根据《商标法》和《北京市高级人民法院关于规范商标行政诉讼案由的意见》等法律规定，商标行政诉讼案件大致可以分为以下几类：

(一)商标申请驳回复审行政纠纷

商标申请驳回复审行政纠纷是指，商标注册申请人不服商标局驳回其商标注册申请的决定，向商标评审委员会申请复审，商标评审委员会作出驳回其商标注册申请(含部分驳回)的决定，商标注册申请人不服该决定提起的行政诉讼。

(二)商标不予注册复审行政纠纷

商标不予注册复审行政纠纷是指，商标注册申请人不服商标局对其初步审定公告的商标作出的不予核准注册决定，向商标评审委员会申请复审，商标评审委员会对该商标作出不予核准注册(包括部分不予核准注册)的决定，商标注册申请人不服该决定提起的行政诉讼。

(三)商标权无效宣告复审行政纠纷

商标权无效宣告复审行政纠纷是指，商标注册人不服商标局作出的宣告其注册商标专用权无效的决定，向商标评审委员会申请复审，商标评审委员会作出宣告其注册商标专用权无效(包括部分无效)的决定，商标注册人不服该决定提起的行政诉讼。

(四)商标权无效宣告请求行政纠纷

商标权无效宣告请求行政纠纷是指,当事人不服商标评审委员会作出的维持争议商标专用权有效或者宣告争议商标专用权无效(包括部分无效)的裁定提起的行政诉讼。

(五)商标权撤销复审行政纠纷

商标权撤销复审行政纠纷是指,当事人不服商标局作出的撤销或者不予撤销注册商标专用权的决定,向商标评审委员会申请复审,商标评审委员会作出撤销复审决定,当事人不服该决定提起的行政诉讼。

(六)其他商标行政纠纷

除前述五种商标行政纠纷外的其他行政纠纷。主要是针对各级商标主管部门作出的处罚或不处罚决定不服提起的商标行政诉讼。例如,法律规定必须使用注册商标的商品,没有使用注册商标在市场上销售。商标主管部门针对这种行为给予处罚,当事人不服可以提起行政诉讼。

二、诉讼当事人

商标行政诉讼当事人主要包括：

第一，原告。商标行政诉讼的原告，是指商标主管行政机关具体行政行为的相对人。原告是认为商标主管行政机关具体行政行为侵犯其商标权益的自然人、法人或其他非法人组织。

第二，被告。商标行政诉讼的被告相对比较固定，包括商标评审委员会和各级商标主管行政机关。在商标确权行政诉讼中，被告比较确定，即商标评审委员会。在针对各级商标主管部门作出的处罚或不处罚决定不服提起的商标行政诉讼中，被告是各级商标主管部门。由于当前我国市场监管体制正在改革中，商标主管部门包括国家商标局、工商行政管理局或市场监管局等。

第三，诉讼第三人。在商标行政诉讼中，经常会出现第三人。例如，在不服商标评审委员会关于不予注册复审决定的行政诉讼中，原告是被异议人，第三人是原异议人；在不服商标评审委员会关于无效宣告裁定的行政诉讼中，如果宣告注册商标无效，原告是被申请人，第三人是申请人。

三、管辖法院

（一）级别管辖

根据《最高人民法院关于商标法修改决定施行后商标案件管

辖和法律适用问题的解释》第二条，针对不服商标评审委员会作出的复审决定或者裁定的行政案件及国家工商行政管理总局商标局（以下简称商标局）作出的有关商标的具体行政行为案件，第一审案件由北京知识产权法院管辖，第二审由北京市高级人民法院管辖。不服商标主管部门作出的有关商标的其他具体行政行为的案件，第一审案件由中级以上人民法院管辖。

（二）地域管辖

商标行政诉讼案件由被告住所地法院管辖。由于商标评审委员会和国家商标局均在北京，因此针对商标评审委员会和国家商标局的行政诉讼均由北京知识产权法院管辖。不服商标行政管理部门作出的有关商标的其他具体行政行为的案件，一般由作出具体行政行为的商标行政管理部门所在地中级以上人民法院及最高人民法院指定的基层人民法院管辖。涉及对驰名商标保护的行政案件，由省、自治区人民政府所在地市、计划单列市、直辖市辖区中级人民法院及最高人民法院指定的其他中级人民法院管辖。

四、证据收集

在商标行政诉讼中，大多数情况下由被告承担举证责任。被告对作出的行政行为负有举证责任，应当收集并提供作出该行政行为的证据和所依据的规范性文件。被告不提供或者无正当理由逾期提供证据，视为没有相应证据。但是，被诉行政行为涉及第三人合法权益，第三人提供证据的除外。且在诉讼过程中，被告及其诉讼代理人不得自行向原告、第三人和证人收集证据。

在商标行政诉讼中，原告的举证责任较轻。只有两种情况，原告必须收集并提供证据：第一，在起诉被告不履行法定职责的案件中，原告应当收集并向法院提供其向被告提出申请的证据，除非被告应当依职权主动履行法定职责的或原告因正当理由不能提供证据的。第二，在行政赔偿、补偿的案件中，原告应当收集并向法院提供行政行为造成的损害方面的证据，但因被告的原因导致原告无法举证的，由被告承担举证责任。

◆案例九◆

金宝钟公司诉商标评审委员会商标撤销复审行政纠纷案[①]

基本案情：诉争商标系第 3228189 号"金宝绿水金宝全能清洁消毒剂及图"商标（商标图样附后），由金宝钟公司于 2002 年 7 月 1 日向中华人民共和国国家工商行政管理总局商标局（简称商标局）提出注册申请，指定使用的商品为第 3 类：去污剂、玻璃清洁剂等。商标专用期限至 2017 年 11 月 20 日。

2013 年 10 月 29 日，商标局向金宝钟公司和刘景丽发出编号为撤

① 参见中国裁判文书网北京市知识产权法院(2015)京知行初字第 1736 号，http://wenshu.court.gov.cn/Content/Content? DocID=75f627ee-3120-4c73-8e17-a7b70010cd64，2017 年 8 月 3 日登录。

201105009的关于第3228189号“金宝绿水金宝全能清洁消毒剂及图”注册商标连续三年停止使用撤销申请的决定，决定如下：驳回刘景丽的撤销申请，诉争商标继续有效。

刘景丽不服商标局的上述撤销决定，于2013年11月12日向商标评审委员会申请复审。其申请复审的主要理由为：金宝钟公司在大陆地区没有任何经营实体，诉争商标在获准注册后没有任何使用行为，请求撤销诉争商标。

金宝钟公司答辩的主要理由为：金宝钟公司提交的证据可以证明诉争商标在指定期间内进行了实际使用，请求维持诉争商标的注册。金宝钟公司向商标评审委员会提交了以下主要证据：购销协议、发票、产品照片、供应商贸易协议、配送中心验收清单、收货清单、销货清单、《供应商交易条款明细表》、海关进口增值税专用缴款书、报关单、检验报告等复印件。

商标评审委员会经审理，于2015年1月6日作出商评字[2015]第1850号关于第3228189号“金宝绿水金宝全能清洁消毒剂及图”商标撤销复审决定书。金宝钟公司不服商标评审委员会撤销复审决定，向法院提起诉讼。

金宝钟公司诉称：商标评审委员会作出的被诉决定认定事实错误，适用法律错误。金宝钟公司提交的证据能够证明其在指定期间内对诉争商标进行了合法有效的商业性使用，请求法院撤销被诉决定，判决商标评审委员会重新作出决定。

商标评审委员会辩称：该会坚持被诉决定中的认定意见，认为该决定认定事实清楚，适用法律正确，作出程序合法，请求法院予以维持。第三人刘景丽述称：被诉决定认定事实清楚，适用法律正确，应予维持。

判决结果：

北京市知识产权法院认为：《最高人民法院关于商标法修改决定施行后商标案件管辖和法律适用问题的解释》第七条规定：对于在《商标法》修改决定施行前已经核准注册的商标，商标评审委员会于决定施行前受理，在决定施行后作出复审决定或者决定，当事人提起行政诉讼的，人民法院审查相关程序问题适用修改后的《商标法》，审查实体问题适用修改前的《商标法》。因此，本案的实体问题应该适用修改前的《商标法》。

2001年12月1日起施行的《商标法》第四十四条规定：使用注册商标，有下列行为之一的，由商标局责令限期改正或者撤销其注册商标：（一）自行改变注册商标的；（二）自行改变注册商标的注册人名义、地址或者其他注册事项的；（三）自行转让注册商标的；（四）连续三年停止使用的。

本案的焦点问题是金宝钟公司于指定期间是否在第3类：玻璃清洁剂等商品上对诉争商标进行了《商标法》意义上的使用。商标的使用，是指将商标用于商品、商品包装或者容器以及商品交易文书上，或者将商标用于广告宣传、展览以及其他商业活动中，用于识别商品来源的行为。商标权人自行使用、许可他人使用以及其他不违背商标权人意志的使用，均可认定为属于实际使用的行为。本案中，金宝钟公司提供的该公司与江门华创公司签订的《订购合约》、金宝钟公司与中山市中广商贸有限公司签订的《购销协议》、海关进口增值税专用缴款书、海关进口货物报关单、广东增值税专用发票、永旺华南商业有限公司收货清单、中山市中广商贸有限公司销货清单等证据可以形成证据链证明诉争商标于指定期间内在中国大陆地区的商品流通领域进行了公开、真实、合法的商业性使用。原告提交的(2011)东部证内字第11484号《公证书》亦可以佐证指定期间内含有诉争商标的清洁剂商品在公开市场上进行销售的事实。被告作出的被诉决定认定事实存在错误，应该予以纠正。

第三人刘景丽主张金宝钟公司提交的购销协议中签约方为金宝公司，并非金宝钟公司，且金宝钟公司使用的公章前后不一致。对此，本院认为，金宝钟公司提交的经公证、认证的《证明书》，以及广东省高级人民法院(2007)粤高法民三终字第309号民事判决书，可以证明金宝公司与金宝钟公司为关联公司，且金宝钟公司公章的使用是否规范不影响对诉争商标在实际市场中商业性使用的认定。因此，第三人刘景丽的上述主张依据不足，本院不予支持。

综上，商标评审委员会作出的被诉决定认定事实主要证据不足，适用法律错误。原告的诉讼请求符合法律规定，本院应予支持。

第三节　商标刑事诉讼

一、商标刑事诉讼概述

商标犯罪是指商标违法行为达到一定的严重程度，按照刑事法律规定应受刑罚处罚的行为。《刑法》第二百一十三条、第二百一十四条和第二百一十五条分别规定了假冒注册商标罪、销售假冒注册商标罪和非法制造、销售非法制造的注册商标标志罪。商标犯罪的主体包括自然人和单位。商标犯罪的主观方面一般均是故意犯罪。

商标刑事案件通常来源于以下几个途径：第一，工商行政管理部门依法移送司法部门。根据《商标法》第六十一条规定，对侵犯注册商标专用权的行为，工商行政管理部门有权依法查处；涉嫌犯罪的，应当及时移送司法机关依法处理。第二，商标权利人或其他人向公安机关报案。公安机关立案侦查后，认为符合犯罪构成要件的，将提请检察机关提请公诉。第三，商标权利人向公安机关报案后，在公安机关或者人民检察院不予追究被告人刑事责任的情况下，可以提起自诉。

侵犯商标刑事案件由犯罪地公安机关立案侦查。必要时，可以由犯罪嫌疑人居住地公安机关立案侦查。侵犯商标犯罪案件的犯罪地，包括侵权产品制造地、储存地、运输地、销售地。对有多个侵犯商标犯罪地的，由最初受理的公安机关或者主要犯罪地公安机关管辖。多个侵犯商标犯罪地的公安机关对管辖有争议的，由共同的上级公安机关指定管辖，需要提请批准逮捕、移送审查起诉、提起公诉的，由该公安机关所在地的同级人民检察院、人民法院受理。对于不同犯罪嫌疑人、犯罪团伙跨地区实施的涉及同一批侵权产品的制造、储存、运输、销售等侵犯商标犯罪行为，符合并案处理要求的，有关公安机关可以一并立案侦查，需要提请批准逮捕、移送审查起诉、提起公诉的，由该公安机关所在地的同级人民检察院、人民法院受理。

二、假冒注册商标罪

假冒注册商标罪，是指违反商标管理法规，未经注册商标所有人许可，在同一种商品上使用与其注册商标相同的商标且情节严重的行为。

最高人民法院、最高人民检察院和公安部联合发布的《关于办理侵犯知识产权刑事案件适用法律若干问题的意见》规定，刑法第二百一十三条规定的"同一种商品"是指，名称相同的商品以及名称不同但指同一事物的商品。"名称"是指国家工商行政管理总局商标局在商标注册工作中对商品使用的名称，通常即《商标注册用商品和服务国际分类》中规定的商品名称。"名称不同但指同一事物的商品"是指在功能、用途、主要原料、消费对象、销售渠道等方面相同或者基本相同，相关公众一般认为是同一种事物的商品。认定"同一种商品"，应当在权利人注册商标核定使用的商品和行为人实际生产销售的商品之间进行比较。根据《关于办理侵犯知识产权刑事案件适用法律若干问题的意见》的规定，具有下列情形之一，可以认定为"与其注册商标相同的商标"：(一)改变注册商标的字体、字母大小写或者文字横竖排列，与注册商标之间仅有细微差别的；(二)改变注册商标的文字、字母、数字等之间的间距，不影响体现注册商标显著特征的；(三)改变注册商标颜色的；(四)其他与注册商标在视觉上基本无差别、足以对公众产生误导的商标。

假冒注册商标罪的构成要件如下：(一)假冒注册商标罪的犯罪主体为一般主体和单位，即任何企、事业单位或者个人假冒他人注册商标，情节达到犯罪标准的即构成本罪；（二）假冒注册商标罪侵犯的客体为他人合法的注册商标专用权，以及国家商标管理秩序；（三）假冒注册商标罪的主观方面为故意，且以营利为目的，过失不构成本罪；（四）假冒注册商标罪的客观方面为行为人实施了刑法所禁止的假冒商标行为，且情节严重。

假冒注册商标罪的量刑标准是：（一）情节严重的，处三年以下有期徒刑或者拘役，并处或者单处罚金。情节严重有三种情形：第一，非法经营数额在五万元以上或者违法所得数额在三万元以上的；第二，假冒两种以上注册商标，非法经营数额在三万元以上或者违法所得数额在二万元以上的；第三，其他情节严重的情形。（二）情节特别严重的，处三年以上七年以下有期徒刑，并处罚金。“情节特别严重”也有三种情形：第一，非法经营数额在二十五万元以上或者违法所得数额在十五万元以上的；第二，假冒两种以上注册商标，非法经营数额在十五万元以上或者违法所得数额在十万元以上的；第三，其他情节特别严重的情形。

三、销售假冒注册商标的商品罪

销售明知是假冒注册商标的商品罪，是指违反商标管理法规，销售明知是假冒注册商标的商品，销售金额数额较大的行为。销售明知是假冒注册商标的商品罪的构成要件是：（一）犯罪主体是从事批发、供销、零售等经营活动个人或者单位；（二）犯罪客体是他人注册的商标权;(三)犯罪的主观方面是故意的;(四)犯罪的客观方面必须具有销售明知是假冒注册商标的商品的行为。

销售明知是假冒注册商标的商品罪的量刑标准是:(一)销售金额在五万元以上的,属于刑法第二百一十四条规定的"数额较大",应当以销售假冒注册商标的商品罪判处三年以下有期徒刑或者拘役,并处或者单处罚金;(二)销售金额在二十五万元以上的,属于刑法第二百一十四条规定的"数额巨大",应当以销售假冒注册商标的商品罪判处三年以上七年以下有期徒刑,并处罚金。

销售明知是假冒注册商标的商品,具有下列情形之一的,依照刑法第二百一十四条的规定,以销售假冒注册商标的商品罪(未遂)定罪处罚:(一)假冒注册商标的商品尚未销售,货值金额在十五万元以上的;(二)假冒注册商标的商品部分销售,已销售金额不满五万元,但与尚未销售的假冒注册商标的商品的货值金额合计在十五万元以上的。销售假冒注册商标的商品罪(未遂)量性标准是,货值金额分别达到十五万元以上不满二十五万元、二十五万元以上的,分别依照刑法第二百一十四条规定的各法定刑幅度定罪处罚。

四、非法制造或销售非法制造的注册商标标志罪

非法制造、销售非法制造的注册商标标识罪,是指违反商标管理法规,伪造、擅自制造他人的注册商标标识或者销售伪造、擅自

制造的注册商标标识，情节严重的行为。该罪的构成要件包括：（一）犯罪主体为一般主体，即可以是任何单位和个人；（二）犯罪客体为他人合法的注册商标专用权和国家商标管理秩序；（三）犯罪的主观方面必须是故意；（四）犯罪的客观方面表现为伪造、擅自制造他人注册商标标识或者销售伪造、擅自制造的商标标识的行为。

非法制造、销售非法制造的注册商标标识罪的量刑标准：（一）情节严重的，判处三年以下有期徒刑、拘役或者管制，并处或者单处罚金。情节严重包括三种情形：第一，伪造、擅自制造或者销售伪造、擅自制造的注册商标标识数量在二万件以上，或者非法经营数额在五万元以上，或者违法所得数额在三万元以上的；第二，伪造、擅自制造或者销售伪造、擅自制造两种以上注册商标标识数量在一万件以上，或者非法经营数额在三万元以上，或者违法所得数额在二万元以上的；第三，其他情节严重的情形。（二）情节特别严重的，判处三年以上七年以下有期徒刑，并处罚金。情节特别严重也包括三种情形：第一，伪造、擅自制造或者销售伪造、擅自制造的注册商标标识数量在十万件以上，或者非法经营数额在二十五万元以上，或者违法所得数额在十五万元以上的；第二，伪造、擅自制造或者销售伪造、擅自制造两种以上注册商标标识数量在五万件以上，或者非法经营数额在十五万元以上，或者违法所得数额在十万元以上的；第三，其他情节特别严重的情形。

销售他人伪造、擅自制造的注册商标标识，具有下列情形之一的，依照刑法第二百一十五条的规定，以销售非法制造的注册商标标识罪（未遂）定罪处罚：（一）尚未销售他人伪造、擅自制造的注册商标标识数量在六万件以上的；（二）尚未销售他人伪造、擅自制造的两种以上注册商标标识数量在三万件以上的；（三）部分销售他人伪造、擅自制造的注册商标标识，已销售标识数量不满二万件，但与尚未销售标识数量合计在六万件以上的；（四）部分销售他人伪造、擅自制造的两种以上注册商标标识，已销售标识数量不满一万件，但与尚未销售标识数量合计在三万件以上的。

◆案例十◆　陈×假冒注册商标罪一审刑事裁定书[①]

北京市第二中级人民法院刑事裁定书

（2014）二中刑终字第1242号

原公诉机关北京市丰台区人民检察院。

上诉人（原审被告人）陈×，女，1976年9月25日出生；因涉嫌犯销售假冒注册商标的商品罪于2014年4月3日被羁押，因涉嫌犯生产、销售伪劣产品罪于同年5月9日被逮捕；现羁押于北京市丰台区看守所。

辩护人王常胜，北京市广盛律师事务所律师。

北京市丰台区人民法院审理北京市丰台区人民检察院指控原审被告人陈×犯假冒注册商标罪一案，于二〇一四年八月二十七日作出（2014）丰刑初字第1555号刑事判决。原审被告人

① 参见中国裁判文书网北京市第二中级人民法院（2014）二中刑终字第1242号，http://wenshu.court.gov.cn/content/content? DocID = 0c9f99c7 − dc50 − 4b5f − bec1 − ade9b09202af，2017年8月3日。

陈×不服，提出上诉。本院依法组成合议庭，经过阅卷，讯问了上诉人陈×，听取了辩护人的辩护意见，认为本案事实清楚，决定不开庭审理。现已审理终结。

北京市丰台区人民法院判决认定：2013年12月至2014年4月间，被告人陈×雇佣他人，在其住所地北京市丰台区久敬佳园1区3号楼内，利用回收的"三星"手机，经过更换手机壳、扬声器及包装盒等方式，假冒"三星"品牌手机，并在北京市丰台区方仕通科技广场二层×号摊位内对外出售。2014年4月3日，被告人陈×被北京市公安局丰台分局石榴园派出所抓获，并在其摊位及住所地内当场起获"三星"品牌手机85部。经鉴定，上述物品均为假冒三星公司注册商标的商品，价值共计人民币16万余元。

原判认定上述事实的证据有，证人琚×、钟×、李×、朱×、丁×的证言，北京市公安局丰台分局搜查笔录、扣押决定书、扣押清单、起获涉案物品照片，国家工商行政管理总局商标局批复、商标注册证、核准续展注册证明，北京铭硕知识产权代理有限公司鉴定说明、价格证明、鉴定书、授权书、企业法人营业执照，北京市丰台区涉案财产价格鉴定结论书，公安机关出具的破案报告及到案经过等。上诉人陈×在一审庭审过程中对上述事实未持异议。

根据上述事实及证据，北京市丰台区人民法院认为：被告人陈×无视国家法律，未经注册商标所有人许可，在同一种商品上使用与商标所有人注册商标相同的商标，情节严重，其行为已构成假冒注册商标罪，应予处罚。鉴于被告人陈×能如实供述犯罪事实，认罪态度较好，对其予以从轻处罚。故判决：一、被告人陈×犯假冒注册商标罪，判处有期徒刑一年，并处罚金人民币九万元（已缴纳人民币五万元）。二、随案移送手机七十八部，予以没收。

陈×的上诉理由为：其到案后如实供述侦查机关尚未掌握的其他罪行，系特别自首，原判量刑过重，罚金过高。

陈×的辩护人的辩护意见为：陈×如实供述犯罪事实，认罪悔罪，全额缴纳罚金，系初犯，主观恶性及社会危害性小，建议对其判处缓刑。

经审理查明，原判认定上诉人（原审被告人）陈×犯假冒注册商标罪的事实是正确的。该事实有经原审人民法院庭审质证并予以确认的证据证明，证据确实、充分，本院亦予以确认。

另查明，上诉人陈×的亲属在本院审理过程中代为缴纳罚金人民币四万元，现在案。

本院认为：上诉人（原审被告人）陈×无视国家法律，未经注册商标所有人许可，在同一种商品上使用与其注册商标相同的商标，情节严重，其行为已构成假冒注册商标罪，依法应予惩处。关于陈×所提其到案后如实供述侦查机关尚未掌握的其他罪行，系特别自首的上诉理由，经查，在案证据证明，在陈×供述所犯罪行之前司法机关已掌握其全部罪行，依法不能认定陈×如实供述的行为构成自首，故陈×的该项上诉理由不能成立，本院不予采纳；关于陈×所提原判量刑过重、罚金过高的上诉理由及辩护人所提陈×如实供述犯罪事实，认罪悔罪，全额缴纳罚金，系初犯，主观恶性及社会危害性小，建议对其判处缓刑的辩护意见，经查，原审法院鉴于陈×能如实供述犯罪事实、认罪态度较好等情节，依法对其予以从轻处罚，量刑并无不当，陈×的亲属在二审期间代为缴纳部分罚金系陈×自动履行原审判决所确定的刑罚，该情节尚不足以对陈×再予以从宽处罚和宣告缓刑，故陈×的该项上诉理由及辩护人的该项辩护意见均不能成立，本院不予采纳。原审法院根据陈×犯罪的事实、性质、情节及对于社会的危害程度作出的判决，定罪及适用法律正确，量刑适当，对扣押物品的处理亦无不当，审判程序合法，应予维持。本院依照《中华人民共和国刑事诉讼法》第二百二十五条第一款第(一)项之规定，裁定如下：

驳回陈×的上诉，维持原判。

本裁定为终审裁定。

审判长　杨子良

审判员　郑敏

代理审判员　刘波

二〇一四年十月二十八日

书记员　陈珊

参考文献

一、著作

1.郑成思:《知识产权论》(修订本),法律出版社 2001 年版。

2.刘春田:《知识产权法》(第五版),高等教育出版社 2015 年版。

3.吴汉东:《知识产权法》(第五版),法律出版社 2014 年版。

4.陶鑫良:《知识产权基础》(第二版),知识产权出版社 2011 年版。

5.朱雪忠:《知识产权管理》(第二版),高等教育出版社 2016 年版。

6.宋伟:《知识产权管理》,中国科学技术出版社 2010 年版。

7.曾德国、乔永忠:《知识产权管理》,知识产权出版社 2012 年版。

8.冯晓青:《企业知识产权管理》,中国政法大学出版社 2012 年版。

9.马海群:《现代知识产权管理》,科学出版社 2009 年版。

10.傅宏宇、谭海波:《知识产权运营管理法律实务与重点问题诠释》,中国法制出版社 2017 年版。

11.李健:《知识产权代理教程》,知识产权出版社 2015 年版。

12.黄晖:《商标法》(第二版),法律出版社 2016 年版。

13.杜颖:《商标法》(第三版),北京大学出版社 2016 年版。

14.王莲峰:《商标法》(第二版),北京大学出版社 2014 年版。

15.孔祥俊:《商标法适用的基本问题》(第二版),中国法制出版社 2014 年版。

16.王太平:《商标法:原理与案例》,北京大学出版社 2015 年版。

17.张锐:《商标实务指南》,法律出版社 2015 年版。

18.杜颖译:《美国商标法》,知识产权出版社 2013 年版。

19.范长军译:《德国商标法》,知识产权出版社2013年版。

20.李扬译:《日本商标法》,知识产权出版社2011年版。

21.美国专利商标局:《美国商标审查指南》,商务印书馆2008年版。

22.[澳]彼得·德霍斯:《知识财产法哲学》,周林译,商务印书馆2008年版。

23.[美]约翰·帕夫雷:《知识产权战略》,陈晓帆译,重庆大学出版社2015年版。

24.[美]德雷特勒:《知识产权许可》(上、下册),王春燕等译,清华大学出版社2003年版。

25.[英]杰里米·菲利普斯:《商标法:实证性分析》,马强译,中国人民大学出版社2014年版。

26.[日]森智香子、广濑文彦、森康晃:《日本商标法实务》,北京林达刘知识产权代理事务所译,知识产权出版社2012年版。

二、期刊

1.彭章键:《试论商标代理制度》,载《法学论坛》1993年第1期。

2.张家襄:《中国商标代理的现状和将来》,载《工商行政管理》1996年第17期。

3.刘清河、张惠萍:《商标代理业:挑战与机会并存》,载《中国工商报》2000年8月16日第001版。

4.商监人:《试析我国商标代理管理体制的发展趋势》,载《中国工商报》2001年3月22日B03版。

5.林卿:《一个"策划式"商标代理案例》,载《中华商标》2001年第3期。

6.韩卓杰:《表见代理及其在商标代理中的预防》,载《中国工商报》2002年3月28日B03版。

7.邓立强:《代理权授权不明及其民事归责》,载《法学杂志》2002年第2期。

8.雷光程:《对商标代理管理现状的思考》,载《中华商标》2003年第9期。

9.赵蓉:《论商标的国际工业产权保护对策——商标国际注册》,载《社科纵横》2003年第2期。

10.陆婷、徐明明:《美国商标注册的四种基础》,载《中华商标》2003年第4期。

11.李春:《规范商标代理行业从何入手》,载《中国工商报》2004年6月13日。

12.王晓涛:《谨防商标代理中的业务风险》,载《中华商标》2004年第8期。

13.沈峥嵘:《南京律师打破商标代理禁区》,载《新华日报》2004年7月24日。

14.张诚:《商标代理组织注销后的书件送达问题》,载《中华商标》2004年第11期。

15.孙焕成:《商标协会要在商标代理行业自律中有所作为》,载《中华商标》2004年第2期。

16.叶秀进:《也谈商标代理业的规范和发展》,载《中华商标》2004第11期。

17.雷光程:《应对商标代理组织实行执业保证金制度》,载《中华商标》2004第10期。

18.程萌、张诚:《CEPA框架下商标代理服务的开放》,载《中华商标》2005年第2期。

19.王静:《商标国际注册技巧》,载《对外经贸实务》2005年第7期。

20.周泰山:《商标注册无效制度》,载《中华商标》2006年第7期。

21.李永波:《"梦特娇"案代理纪实》,载《中华商标》2006年第9期。

22.张亚洲:《注册商标转让中的法律要点》,载《中华商标》2007年第7期。

23.刘春霖:《论网络环境下的商标使用行为》,载《现代法学》2008年第6期。

24.张宇:《马德里商标国际注册的后续程序》,载《中华商标》2009第12期。

25.陶俊英:《如何通过马德里体系进行国际商标注册》,载《时代经贸》2010年10月上旬刊。

26.刘燕:《论我国商标代理组织的发展(上)》,载《中华商标》2010年第1期。

27.刘燕:《论我国商标代理组织规范发展的制度设计》,载《工商行政管理》2010年第3期。

28.曹静:《商标代理资格制度及自律体系的正当性和必要性》,载《中华商标》2010年第10期。

29.刘恕:《谁是商标代理服务的合法主体?》,载《科技日报》2010年4月19日第006版。

30.孔嘉:《国际商标注册马德里体系概述及法律热点问题剖析(上)》,载《中国律师》2011年第4期。

31.孔嘉:《国际商标注册马德里体系概述及法律热点问题剖析(上)》,载《中国律师》2011年第6期。

32.李剑芳:《商标设计中的商标法知识》,载《中国科技信息》2011年第3期。

33.许懿:《注册商标移转与转让的法律区分》,载《人民司法》2011年第10期。

34.曹中强、董葆霖:《回顾商标法律工作征程 思考商标代理改革使命》,载《中国知识产权报》2012年4月27日第031版。

35.冯晓青:《律师事务所从事商标代理活动大有可为》:载《中国律师》2013年第2期。

36.刘燕:《论注册商标转让的限制》,载《吉林大学社会科学学报》2013年第5期。

37.邬跃:《商标使用许可合同效力研究——以王老吉商标纠纷案为例》,载《宁夏大学学报(人文社会科学版)》2013年第5期。

38.冯涛:《商标法修改对商标代理业务的影响》,载《中华商标》2013年第12期。

39.丁宪杰:《新商标法环境下的商标代理》,载《中华商标》2014年第4期。

40.何鹏:《商标法修改语境下的"商标使用"解读——以"百威英博"案和"重啤"案为视角》,载《中华商标》2014年第2期。

41.朱国栋:《商标许可应注意的法律问题》,载《中华商标》2014年第9期。

42.赖俊杰:《新商标法适用于商标代理组织的"法条体系"》,载《中华商标》2014年第6期。

43.赵秀辉:《商标权质权实现方式之选择——以商标使用许可为例》,载《知识产权》2014年第10期。

44.王金勇:《处罚违法商标代理机构若干问题的分析》,载《中华商标》2015年第4期。

45.朱昌彬:《贯彻新〈商标法〉,加强商标代理行业规范建设》,载《中华商标》2015年第10期。

46.赵婷婷:《美国、加拿大关于商标注册前递交使用声明规定之比较》,载《中华商标》2015年第6期。

47.薛友飞:《商标国际注册时如何选择商品》,载《中华商标》2015年第10期。

48.曹博:《商标注册无效制度的体系化研究》,载《知识产权》2015年第4期。

49.王合锋:《商标国际注册的流程模式解读》,载《中华商标》2015年第9期。

50.张玉敏:《注册商标三年不使用撤销制度体系化解读》,载《中国法学》2015年第1期。

51.杨静安:《撤销商标三年停止使用案件中的使用商品认定》,载《中华商标》2015年第4期。

52.吴园妹:《"撤三"案件中的证据审查规则以及案件审查思路——评山东阿尔卑斯食品有限公司诉商标评审委员会及保定龙飞投资有限公司商标撤销复审行政案》,载《中华商标》2016年第7期。

53.朱品昌、华晟:《无锡:引导商标代理组织转型升级》,载《中华商标》2016年第5期。

54.胡刚:《"一事不再理"原则在商标无效宣告确权案件中的适用》,载《中华商标》2016年第7期。

55.梅远:《如何获得并维持美国联邦商标注册》,载《中华商标》2016年第6期。

56.苏科:《便利化改革可否授信商标代理机构有所为》,载《中华商标》2017年第1期。

57.徐霖:《商标注册人名义多次变更相关问题解析》,载《中华商标》2017年第3期。

58.郭伟:《商标授权确权行政案件中关于代理人或代表人的认定——原告刘先

艳诉被告国家工商总局商标评审委员会、第三人临沂市罐罐香餐饮连锁有限公司商标无效宣告纠纷案》，载《中华商标》2016年第12期。

59.杜颖、张建强：《〈商标法〉“不良影响”条款 的适用探析——基于“MLGB商标无效宣告案”的思考》，载《电子知识产权》2017年第5期。

60.王广震：《注册商标无效抗辩司法审查问题初探》，载《西南政法大学学报》2017年第1期。